WENN DIE NATUR WÜTET

Die Drucklegung dieses Buches wurde ermöglicht durch
die Südtiroler Landesregierung/Abteilung Deutsche Kultur.

Manfred Schiechtl

WENN DIE NATUR WÜTET

HISTORISCHE NATURKATASTROPHEN VON KUFSTEIN BIS SALURN

Tyrolia-Verlag · Innsbruck-Wien

Inhaltsangabe

Vorwort

15 Dinge, die man über Tirol wissen sollte

Die Geschichte Tirols ist eine wahre Schatzkammer an beispiellosen und aufsehenerregenden, aber auch beeindruckenden, erstaunlichen und unvergleichlichen Ereignissen. Eine Fundgrube für spektakuläre Vorfälle und Begebenheiten. Mehr als drei Jahrzehnte habe ich über Tirol und seine Menschen als Journalist berichtet. Für den „Tirol Kurier", die „Tiroler Tageszeitung", einige Onlinemedien und die Wochenzeitung „Die Tiroler" der Südtiroler Mediengruppe Athesia. Egal ob aus dem heutigen Nord- oder Osttirol auf österreichischem Boden oder dem seit etwas mehr als 100 Jahren italienischen Südtirol und Trentino. Dabei bin ich immer wieder über eigentümliche Ereignisse gestolpert, die es außerhalb der Region Tirol, im Herz der Alpen nahezu gänzlich im Hochgebirge liegend, nicht gibt. Einzigartige und außergewöhnliche Ereignisse, die nur die wenigsten kennen, die kaum jemals ausführlich publiziert wurden. Ganz zu schweigen gesammelt an einer Stelle. Auf meinem beruflichen Weg bin ich immer wieder über sie gestolpert. Es wird Zeit, diese Ereignisse, die keinen Platz in der schnelllebigen Medienszene von heute haben, zu erzählen. Und selbst Tiroler oder Tirol liebende Touristen, die glauben, das Land in- und auswendig zu kennen, werden aus dem Staunen nicht mehr herauskommen. Das kann ich ohne Übertreibung versprechen. Für alle, die dieses schöne Land interessiert, für alle, die viel in der einzigartigen Natur mit ihren vielen spektakulären Juwelen verbringen, sollte es ein Muss sein, diese einzigartigen Ereignisse näher zu kennen. Um am besten gleich beim nächsten

Ausflug die Schauplätze zu besuchen, wo sich diese Dramen, Katastrophen und Tragödien abgespielt haben. Spektakuläre Natur-Ereignisse haben Tirol von Kufstein bis Salurn immer schon vor allem aufgrund seiner außergewöhnlichen Geografie ganz besonders betroffen. In diesem Buch erzähle ich 15 dieser dramatischen und aufsehenerregenden Begebenheiten. 15 packende Krimis über Vorkommnisse, die das Land geformt und seine Menschen geprägt haben. Wenn wir die Tiroler Berge, Wälder, Flüsse und Seen vor Augen haben, kann man sich kaum vorstellen, welche Naturgewalten diese imposante Landschaft gestaltet haben. Wer die Geschichten jedoch kennt, kann sich auf eine spannende Spurensuche begeben.

Wenn die Natur wütet, sind unglaubliche Naturkatastrophen zwangsläufig die Folge. Gewaltige Bergstürze mit biblischem Ausmaß, aber auch Bezug, gehören ebenso dazu wie unglaubliche Feuerwalzen, die ganze Landstriche in Schutt und Asche legten. Gigantische Heuschreckenplagen, enorme Erdbeben, riesige Überschwemmungen und Vermurungen, desaströse Seuchen und schlimme Lawinenkatastrophen sorgten in der gesamten Bevölkerung für Aufruhr. Todbringende Wetterkatastrophen, ausgelöst von gigantischen Vulkanausbrüchen am anderen Ende der Welt, brachten der Bevölkerung Hunger und Elend und einen Winter, der beinahe zwei Jahre dauerte. Auch Wasser war nicht immer nur ein Segen für die Menschen im Land. Wer weiß schon, dass die Gletscher in den Bergen für eine nasse Apokalypse in den Tälern sorgen können. Oder einstürzende Berge einen riesigen See bildeten, der das Inntal teilte. Der Klimawandel wiederum sorgte mittlerweile für ganz andere Katastrophen. Die Tiroler wussten aber auch immer wieder, die Besonderheiten der heimischen Natur für sich zu nutzen. Etwa die spektakuläre Unterwelt, die nicht wenige vor dem Krieg rettete. Oder die Wälder Süd- und Osttirols, die erst den Bau von

Venedig ermöglichten. Diese und noch eine Reihe weiterer Ereignisse gilt es auf den folgenden Seiten kennenzulernen. Viel Spaß. Ich bin überzeugt, dieser besondere Streifzug durch das Land wird Sie begeistern.

Manfred Schiechtl
manfred.schiechtl@paperfruits.com

1

Die unbarmherzigen Feuerhöllen

Mega-Waldbrände im Inn- und im Eisacktal

Die wärmende Herbstsonne war für die Menschen im Inntal eine Wohltat. Möglichst schnell wollte man den nassen Sommer hinter sich lassen. Und die Hoffnung war groß, dass der bald einkehrende Winter nicht so schlimm wie in den letzten 15 Jahren werden würde. Tiefe Temperaturen und viel Schnee hatten für ein Vorrücken der Gletscher gesorgt, aber noch schlimmer, die Ernten hätten durchaus besser ausfallen können. Es war zwar keine Katastrophe, aber vor allem die Weinbauern, die es damals nicht nur in Südtirol, sondern auch im ganzen Inntal gab, sorgten sich. Zu wenig Sonne ermöglichte ihnen wie auch den wetterbedingt bevorzugten Kollegen südlich des Brenners nur das Keltern von leichten Weinen. Dazu kam die Sorge, ob der Bauernaufstand im nahen Bayern nach Tirol herüberschwappen würde. Dieser wurde vom Spanischen Erbfolgekrieg befeuert, in dem sich die Österreicher und Franzosen, deren Verbündete die Bayern waren, gegenüberstanden. Ein für jedermann ersichtliches Beispiel für das Ringen der Heere war, dass sich die österreichischen Truppen unter dem berühmten General Prinz Eugen von Savoyen nach einer verlorenen Schlacht im Piemont für den Winter nach Tirol zurückgezogen hatten. Und all diese Heerscharen wollten in der anstehenden kalten Jahreszeit ebenfalls

Unvorstellbare 50 Quadratkilometer Wald, manche Forscher sprechen sogar von 100 Quadratkilometern, wurden bei Tirols größtem bekannten Waldbrand vernichtet.

verpflegt werden. Es gab also genug Sorgen, einzig das Herbstwetter war ein wohlig wärmender Lichtblick.

Am 16. Oktober 1705, mitten in der bejubelten Schönwetterperiode, setzten sich in den Abendstunden nach hartem Tagwerk Schafhirten im Bereich Stubbach im Vomper Loch an ein Lagerfeuer. Dem kleinen Trupp passierte dann aber ein Missgeschick. Müde von der langen Arbeit wurde man unachtsam und das Feuer griff auf den Wald im wilden Karwendeltal nördlich des Inntals über. An ein Löschen war nicht zu denken. Also machte sich einer der Hirten auf, um die Kunde vom Feuer zu den Behörden ins Inntal zu tragen. Dort fühlte sich aber niemand bemüßigt, einen Waldbrand im alpinen Gelände, damals unnützes Gebiet, zu löschen. Man hatte einen gänzlich anderen Bezug zu Natur, Wald und Feuer als heute. Es war die Zeit, als Bauern immer wieder selbst Waldbrände legten, um neue Weideflächen für das Vieh entstehen zu lassen.

Acht Tage lang flackerte das Feuer bei wunderschönem, aber windstillem Herbstwetter an den Hängen des Vomper Lochs Richtung Westen. Richtung Lafatsch. Im Inntal beschloss man, den Dingen einfach ihren Lauf zu lassen. Nach dem Motto des verregneten Sommers: Der nächste Regen wird kommen und es richten. Unbemerkt bahnte sich aber schon zu diesem Zeitpunkt die kommende Katastrophe an. Richtung Osten. Richtung Stallenwald, war das Feuer ebenfalls unterwegs, aber als seltenes Erdfeuer. Der Boden war aufgrund des schönen Herbstwetters bis auf die oberste Schicht ausgetrocknet. Ein Erdfeuer kann sich dann als Glut über Wurzelwerk einen Weg bahnen. Es glühte tagelang unterirdisch. Kilometer um Kilometer in Richtung Schwaz. Doch davon wusste niemand etwas.

Als das oberirdische Feuer die Lafatsch erreichte, wurde am 26. Oktober bei der Saline in Hall in Tirol Alarm gegeben. Das

Feuer drohte, über die Berge ins Halltal zu wechseln, und der Salzbergbau war auf die dortigen Wälder als Quelle für Bauholz angewiesen. Um den Waldbrand vor dem Erreichen des Halltals zu stoppen, wurden Dutzende Knappen auf das Lafatscher Joch gesandt. Dort begannen zehn Tage nach Ausbruch des Waldbrands die ersten Löscharbeiten. Was das Halltal betrifft erfolgreiche. Das Feuer konnte gestoppt werden und brannte sich auf der Rückseite von Bettelwurf und Speckkarspitze aus. Aus der Sicht der Behörden war es das gewesen. Weit gefehlt.

Einige Tage später, am 31. Oktober, wurde man auf das unterirdische Feuer, das sich nunmehr seit mehr als zwei Wochen seinen Weg Richtung Osten gebahnt hatte, auf schreckliche Weise aufmerksam. Ein Jäger bemerkte das Erdfeuer, das sich fast schon bis zum Kloster St. Georgenberg durchgefressen hatte. Immerhin rund sechs Kilometer Luftlinie zum Ausbruchsort. Er eilte ins Kloster und warnte den Abt. Doch was dann geschah, veränderte alles. Nach zwei Wochen Windstille brach an diesem Tag ein ungewöhnlich starker Föhnsturm aus. Das Erdfeuer war direkt beim Kloster an die Oberfläche gekommen. Den Geistlichen blieb nur die Flucht. Das Kloster brannte bis auf die Grundmauern nieder. Es war der bekannte vierte Klosterbrand von St. Georgenberg.

Danach ging es Schlag auf Schlag. Der Föhn wuchs sich zum Orkan aus. Der Zillertaler Ast des Föhns, in diesem Ausmaß eine eher seltene Erscheinung, sorgte über Jenbach bis ins Achental für ein am Achensee äußerst seltenes Föhnereignis in riesigem Ausmaß. Der Föhnsturm peitschte die Flammen über die Berghänge. Der Wind war so stark, dass große, brennende Äste bis zu einem Kilometer weit vertragen wurden. Dort, wo sie landeten, entstand gleich der nächste Brandherd.

Nun war Panik und große Mobilisierung angesagt. Man sorgte sich, dass Schwaz ein Opfer des Brandes werden könnte. Und dies konnte man aufgrund der Wichtigkeit des wegen seines Silberbergwerks weit über die Tiroler Grenzen hinaus bekannten Ortes nicht zulassen. Plötzlich stand wirtschaftlich viel auf dem Spiel. Im gesamten mittleren Inntal machte man sich zur Brandlöschung auf. Doch vergebens. In Innsbruck sahen die Einwohner aufgrund der enormen Rauchentwicklung tagelang keine Sonne mehr. Tagelang war es auch mittags fast dunkel. In Schwaz schlugen brennende Äste ein. Die Sorge war groß, dass die Stadt niederbrennen würde.

Doch der Föhnsturm trieb die Flammen Richtung Norden ins Achental. Entlang der Westseite des Achensees Richtung Bayern. Wie weit der Brand in den Tiefen des Karwendels wütete, ist nicht überliefert. Am Achensee ließ die Feuerwalze dem Wild in den Wäldern nur eine ungewöhnliche Fluchtroute. Die Tiere sprangen in den See und schwammen zum Ostufer. Das sprach sich aber blitzschnell bei den Bauern herum, die dort mit ihren Waffen warteten und das Wild erlegten.

Als der Waldbrand Mitte November, wieder zwei Wochen später, das dünn besiedelte Grenzgebiet zu Bayern erreichte, wurden zeitgenössische Berichte rar. Mehr als einen Monat nach dem Ausbruch und einem wochenlangen, anfachenden Föhnsturm brach er in der zweiten Novemberhälfte zusammen. Rettender Regen setzte ein. Der zuvor bejubelte schöne Herbst hatte sich aufgrund der Föhnstürme als tückischer Brandstifter erwiesen. Ein genaues Enddatum des Waldbrandes ist nicht überliefert. Das Feuer hatte es bis zum Hühnersbach an der bayerischen Grenze geschafft. Der Regen und der Bach beendeten schließlich das Jahrtausendereignis. Mindestens 50 Quadratkilometer, vielleicht sogar weitaus mehr – die Feuerkatastrophe, die 1705 Tirol heimsuchte, stellt alle anderen Waldbrände der Neuzeit nördlich wie südlich des Brenners in den Schatten.

Tief im Karwendel im hintersten Stallental liegt der Brentenkopf. Auch nach 300 Jahren sind die Südhänge des Gebirgszuges östlich dieses Gipfels über viele Kilometer eine Brandruine.

Ein Waldbrand, den im Tirol der Gegenwart fast jeder kennt, da er einst prominent im Großraum von Innsbruck tage- und nächtelang für Hunderttausende zu sehen war, war der Absamer Waldbrand von 2014. Damals waren rund 100 Hektar Wald betroffen. Also ein Quadratkilometer. Ein Fünfzigstel der Fläche des Brandes von 1705. Laut der Universität für Bodenkultur in Wien war das Feuer am Absamer Hochmahdkopf am Eingang ins Halltal der drittgrößte Waldbrand in Österreich seit dem Zweiten Weltkrieg. Der größte seit damals wütete ebenfalls in Tirol, ist, verglichen mit dem Absamer Waldbrand, jedoch weniger bekannt, da dieses Ereignis Jahrzehnte zurückliegt. Im September 1947 brannten am Nederjoch bei Telfes ca. 200 Hektar Wald. Dieser Waldbrand war also doppelt so groß wie jener von Absam.

Richtig schlimm waren jedoch historische Waldbrände nördlich und südlich des Brenners. Ortschroniken aus Tirol und Südtirol berichten von regelrecht infernalischen Ereignissen, bei denen die Brandflächen teils mehr als zehn Quadratkilometer betrugen.

Derartige Aufzeichnungen bzw. Hinweise auf Monsterereignisse lassen sich bis zurück in das 16. Jahrhundert finden. Ein Beispiel ist der geschilderte von 1705.

Oder jener vom August 1911, der bei Franzensfeste im Eisacktal nach einer längeren Hitzewelle ausgebrochen war. Das Feuer entstand durch die Unvorsichtigkeit von Holzfällern, die in einer Holzhütte in der Mittagspause am 2. August 1911 Feuer für das Mittagessen gemacht hatten, dabei aber unvorsichtig vorgingen. Dies endete damit, dass die Hütte gegen halb zwei Uhr nachmittags Feuer fing und dadurch auch der durch die Dürre der letzten Wochen ausgetrocknete Wald in Brand geriet. Tags darauf wuchs das zuerst überschaubare Feuer durch aufkommende starke Winde zum Großbrand an. Selbst Zeitungen in Deutschland berichteten von diesem sich entwickelnden Mega-Ereignis. Am 4. August schrieb das „Leipziger Tageblatt", dass der in der Nacht aufgezogene Sturm das Feuer in ein Inferno verwandelt hatte. Jeder Versuch, den Brand einzudämmen, erwies sich als aussichtslos. Das Feuer an den Westhängen des Kampelspitz und Sölderleeggs oberhalb von Mittewald und des Mahdlkopfs und – bezeichnenderweise – Brandeggs oberhalb von Franzensfeste sorgte sogar dafür, dass sich ununterbrochen riesige Felsbrocken im Hang lösten und zu Tal donnerten. Die so bedrohten Feuerwehrleute, die helfende Bevölkerung, Gendarmerieeinheiten aus allen umliegenden Orten sowie 150 Kaiserjägersoldaten aus der Kaserne in Brixen mussten sich zurückziehen und dem Feuer seinen Lauf lassen.

Bei einem anderen Waldbrand, der zeitgleich in Mittenwald an der Tiroler Grenze bei Scharnitz wütete, wurden die Helfer ebenfalls von Steinschlag bedroht. Dort wurden sogar eingesetzte Soldaten und Forstleute getroffen und schwer verletzt. Das Feuer griff auch auf Leutascher Wälder über. Die Mittenwalder und Leutascher hatten aber dennoch mehr Glück als die Südtiroler,

Heft 7/9 „Tiroler Heimatblätter" 25

Der größte Waldbrand Nordtirols von Georgenberg bis zum Hähnerbach im hinteren Achental im Spätherbst 1705

Von W. Grabherr

Herr Hofrat Dr. Hans *Hochenegg* veröffentlichte in den „Tiroler Heimatblättern" (Jahrg. 1955, H. 10/12, S. 120—122) einen unbeachtet gebliebenen zeitgenössischen Bericht über den großen Waldbrand von 1705 im Unterinntal und im Achental. Die in den Jahren 1945 bis 1949 durchgeführte naturwissenschaftliche Bearbeitung der amtlichen Waldbrandberichte im Landesregierungsarchiv in Innsbruck förderte weitere Unterlagen hierüber zutage, so daß nunmehr — zusammen mit dem bereits vorliegenden Schrifttum — ein einigermaßen klares Bild entsteht, durch welches Zusammenwirken von widrigen Begleitumständen es zu dieser *größten Waldbrandkatastrophe Nordtirols* kommen konnte.

Die *Waldbrunst* brach in den Abendstunden des 16. Oktober 1705 im Grunde des Vomperlochs am Stupbach aus und wurde vermutlich durch Schafhirten verursacht. Das Feuer stieg bei der trockenen Witterung und starken *Herbstdürre* rasch den Berghang hinan und *verbreitete* sich in den *höheren Lagen* gegen *Lafatsch* im Karwendel. Da für Siedlungen vorerst keine Gefahr bestand, ging

Amtswaldungen am Vomperbach bezogen. Als Kommissar der Saline wurde der Regimentsrat Baron *Voglmair* an die Brandstätte abgeordnet. Der Oberwaldmeister, der Salzmair, der Waldhüter und 56 Salinenarbeiter leisteten 142 Löschschichten. Auch der Salzbergoffizier *Holzhammer* war dabei. Die Löschkosten-Spezifikation enthält alle Aufgebotenen namentlich angeführt. Ein Bote der Haller Saline ritt nach Schwaz, wohl zum Bergwerksdirektorat, um Löschhilfe.

Etwa acht Tage lang hielt sich das Feuer *in großer Höhe im Gebirge*, ohne gefährlich zu erscheinen, da es sich bei der ganz windstillen, schönen Witterung *im dichten Gehölz* nur *langsam* ausbreitete, weshalb niemand ein Löschen in so großen Höhen für notwendig hielt. Unbemerkt aber breitete sich das Feuer als *Erdfeuer*, unter der Bodenoberfläche im Humus ohne Entflammung weitermottend, *bergab* gegen St. Georgenberg aus.

Es dauerte beinahe 250 Jahre, ehe die Details zum Waldbrand von 1705 ausführlich erforscht und berichtet wurden. Etwa in den „Tiroler Heimatblättern" Anfang der 1950er-Jahre.

denn nördlich des Alpenhauptkamms setzte nach der in den Wochen zuvor quälenden Hitze der lang herbeigesehnte Regen ein.

Funkenflug übersprang derweil in Franzensfeste die zuvor errichteten Schutzgräben und die ersten Häuser des Ortes waren in Gefahr. Die Bevölkerung wurde evakuiert, die Dächer mit Wasser gekühlt, um ein Übergreifen der Flammen zu verhindern. Durch diesen Einsatz und die Witterung hatte das Dorf am Eisack Glück im Unglück und wurde wie Oberau, das ebenfalls bedroht war, verschont. Der stürmische Nordföhn trieb das Feuer Richtung Süden und dann weiter Richtung Osten. In der Zwischenzeit wurden auch Soldaten aus der Kaserne Mühlbach alarmiert, die versuchten, den Brand von Spinges aus zu bekämpfen, das mittlerweile ebenso wie Meransen von der Feuerwalze bedroht war. Es war unmöglich, die nötigen Mengen Wasser heranzuschaffen, um

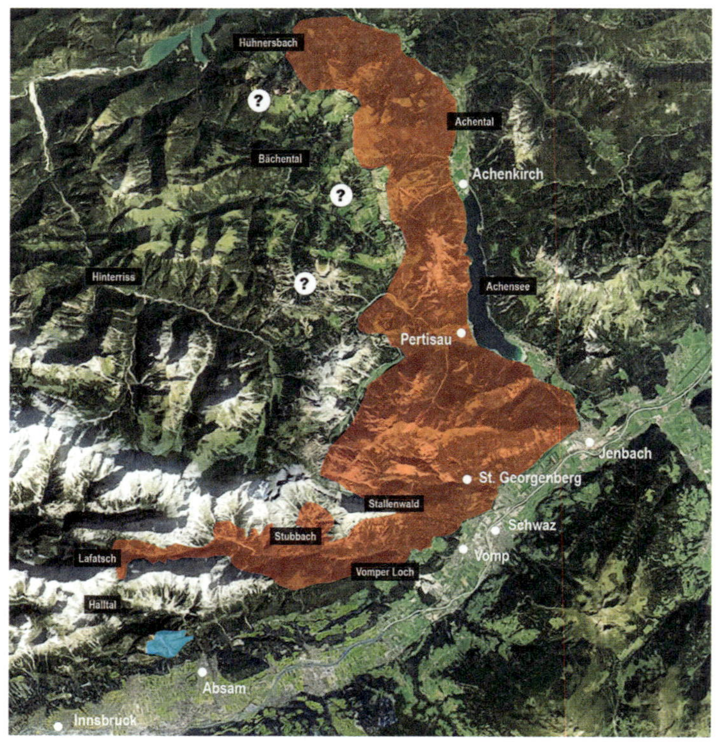

Ein Größenvergleich, der das Ausmaß der Feuerkatastrophe erahnen lässt: der Waldbrand von Absam im Jahr 2014 (blaue Markierung) und der Mega-Waldbrand von 1705 (braune Markierung)

dem Inferno Herr zu werden. Die Soldaten schlugen aber Schneisen in die Wälder, um die Flammen zu stoppen. Gearbeitet konnte aber nur bei Tageslicht werden, da auch hier herabstürzende Steinbrocken die Helfer gefährdeten. Aufgrund der immer bedrohlicheren Lage wurden nun auch Truppen aus Bruneck angefordert.

Das Feuer machte im Sturmwind mittlerweile Sprünge von 100 Metern und mehr. In Brixen gingen abends Polizisten von Haus zu Haus und ordneten an, dass man die Dächer wiederholt mit Wasser übergießen solle, um ein Zünden durch den

DAS ÖSTERREICHISCHE MILITÄR WAR DIE TRAGENDE SÄULE IM KAMPF GEGEN DAS WIPPTALER FEUERMEER.

Funkenregen zu verhindern. Bei Nacht bot sich aus sicherer Entfernung ein schauerlich-schöner Anblick. Das gesamte Bergmassiv zwischen Mittewald, Franzensfeste, Spinges, Meransen und Vals war mittlerweile in ein Flammenmeer gehüllt. Von Bozen kommend war der Feuerschein bereits ab Waidbruck, 30 Kilometer von Franzensfeste entfernt, zu sehen. Aschereste der verbrannten Kiefern und Fichten wurden vom Wind bis nach St. Ulrich in Gröden getragen. Ebenfalls knapp 30 Kilometer Luftlinie entfernt.

Am vierten Tag schien der Brand am Vormittag zuerst erlöschen zu wollen, dehnte sich aber nachmittags wieder aus. Abends bedeckte er eine Fläche von ungefähr sechs Quadratkilometern. Aus den dicht besetzten Brennerzügen, die noch passieren konnten, betrachteten die staunenden Reisenden das Schauspiel. An diesem Tag sorgte aber ausgerechnet die Österreichische Staatsbahn für eine weitere Alarmmeldung. Durch Funkenflug aus einer Güterzugdampflokomotive brach auch auf der bisher verschonten Westseite des Eisacktals oberhalb von Franzensfeste ein Feuer aus. Zum Glück waren just an dieser Stelle pausierende Feuerwehrleute anwesend, welche den neuen Brandausbruch sofort bemerkten, erstickten und eine noch schlimmere Katastrophe abwendeten.

Am 6. August, ein Sonntag, trafen zusätzliche Truppen aus der Garnison Trient ein, um zu helfen. Das österreichische Militär war mittlerweile die tragende Säule im Kampf gegen die Flammen. Man wollte mit allen Kräften ein Übergreifen des Feuers auf Spinges verhindern. Auch Vals war bedroht. Außerdem überquerte das Feuer von Aicha kommend die Pustertaler Straße und bedrohte die Gemeinden Schabs, Natz, Raas und Neustift auf dem Plateau oberhalb von Brixen. Nicht auszudenken, wenn das Feuer Brixen erreichen würde.

Zu Wochenbeginn ließ der Sturm nach und es setzten immer wieder kurze Regenschauer ein. Das Feuer wurde dadurch zwar nicht gelöscht, aber sichtlich geschwächt. In der Nacht zum 7. August sorgten dann stärkere Regenfälle für das Aus des Flammeninfernos. Sechs Quadratkilometer, hauptsächlich Schutz- und Bannwald, wurden Opfer der Flammen.

Mit ein Grund des katastrophalen Waldbrands war die schon damals praktizierte Aufforstung der Wälder mit fast ausschließlich Kiefern und Fichten. Diese sind weitaus empfindlicher als die ursprünglichen Mischwälder, wenn es um das Waldbrandrisiko geht. Noch dazu am Ende einer wochenlangen Hitzewelle, wie sie sich Ende Juli/Anfang August 1911 präsentiert hatte. Um diesem Risiko entgegenzutreten, realisieren heute die österreichischen Bundesforste ein Bündel an Maßnahmen zur Waldbrandprävention. Die Entwicklung artenreicher Mischwälder wird aktiv vorangetrieben. Die Zusammenarbeit mit Feuerwehren verstärkt. Die Aufklärung und Bewusstseinsbildung derer forciert, die sich im Wald aufhalten. Ein vielfältiger, artenreicher Mischwald hält Umwelteinflüssen besser stand als Monokulturen aus Kiefern und Fichten, auch Tannen. Besonderer Fokus liegt auf der Durchmischung gefährdeter Waldgebiete mit Laubholz, das auch in trockeneren Zeiten mehr Feuchtigkeit aus den tieferen Bodenschichten fördert und an Hitzetagen über die grünen Blätter verdunsten kann. Nadelhölzer haben grundsätzlich eine höhere Tendenz zu brennen als belaubte Bäume. Vor allem Baumarten wie die Schwarzkiefer, aber auch Tannen enthalten neben Harz noch ätherische Öle, die wie Brandbeschleuniger wirken.

Bis die grundsätzliche Funktionsfähigkeit eines Waldes nach einem Waldbrand wieder uneingeschränkt hergestellt ist, kann es oft Jahrzehnte dauern. Aufgrund des Nährstoffverlustes im Boden geht die Wiederbewaldung nur langsam voran. Bis Gräser, Moose, Sträucher und krautige Pflanzen auf Brandflächen für das erste Grün sorgen, vergeht laut den Österreichischen Bundesforsten rund ein Jahr. Es sind kleine Pflanzen mit großer Aufgabe, denn sie bereiten die Humusauflage, die Bränden zum Opfer fällt, und damit die Grundlage für jede weitere Vegetation auf. Pionierbaumarten wie Birken, Weiden, Espen, deren Samen weit fliegen, sind die ersten Bäume, die sich auf den brandbetroffenen Flächen wieder ansiedeln. Sie können mit den Bedingungen nach ökologischen Störungen besonders gut umgehen, haben ein rasches Jugendwachstum und bieten anderen Bäumen die Chance in ihrem Schatten zu gedeihen.

Die Österreichischen Bundesforste geben heute der Naturverjüngung den Vorrang, doch nach einem großflächigen Waldbrand wird auch eine gezielte Aufforstung durchgeführt. Damit ein intaktes System Wald möglichst rasch wiederhergestellt ist. Doch auch rasch bedeutet viele Jahre. Zehn Jahre nach dem Absamer Waldbrand von 2014 kämpft man immer noch mit der Wiederaufforstung. Vor allem Wildverbiss wirft die Anstrengungen immer wieder zurück. Deshalb musste das alte Brandgebiet am Hochmahdkopf sogar mit Wildzäunen geschützt werden.

Laut dem Landwirtschaftsministerium besteht das höchste Waldbrandrisiko in Österreich in nur sieben der 79 Bezirke des Landes. Mehr als die Hälfte davon, nämlich vier, liegen in Tirol: Imst, Innsbruck Land, Schwaz und Lienz. Allesamt an der Grenze zu Südtirol, für das in weiten Teilen Ähnliches gilt. Die gefährlichsten Monate sind April, August und Oktober. Über 80 Prozent der Waldbrände sind menschengemacht. Das ist heute so wie damals. Das zeigen ja auch die zwei beschriebenen historischen Mega-Brände im Inn- und im Eisacktal.

2

Die venezianischen Wälder

Was Süd- und Osttirol damit zu tun haben, dass Venedig heute noch steht

Ein großer Trupp fremder Krieger hatte gerade auf einer alten römischen Brücke den Fluss Piave überquert und näherte sich dem Dorf Mestre. Dutzende Rauchfahnen am Horizont Richtung Osten wirkten auf die Dorfbewohner seit dem Morgengrauen einschüchternd, aber als sie die sich nähernden berittenen Truppen sahen, brach Panik aus. Es war also doch wahr. Die gefürchteten Hunnen waren im Anmarsch. Wer ein Boot besaß, machte sich mit der Familie und dem wertvollsten Besitz auf in Richtung der Inseln, die der Küste vorgelagert waren. Murano, Burano, Torcello und natürlich die lang gezogene Isola del Lido in der nördlichen Adria waren das Ziel, von dem man sich Rettung erhoffte. Die Glücklichen, die eine dieser Inseln erreichten, starrten entsetzt Richtung Festland. Schlachtgeräusche, Schreie, Feuer und Rauch waren zu sehen. Ihre Heimat, der Ort Mestre, ursprünglich eine befestigte Siedlung der Römer, wurde vor ihren Augen zerstört.

Die Hunnen waren Teil von etwas, das man später Völkerwanderung nennen sollte. Eine Serie von kriegerischen Einwanderungen, hauptsächlich von germanischen Stämmen. Gefährliche Zeiten, die im heutigen Italien erst mehr als 100 Jahre

Viele Hundert Jahre lang war die Holztrift, wie hier durch die Tiroler Kaiserklamm, die einzige Möglichkeit, große Holzmengen über weite Strecken zu transportieren.

später nach dem Einfall der Langobarden enden sollten. Die Bewohner von Mestre hatten alles verloren. Man schrieb das Jahr 452 n. Chr. und die Legende besagt, dass dieses schicksalhafte Ereignis zugleich die Geburtsstunde von Venedig war. Die Bewohner von Mestre begannen, auf den Inseln in der Lagune Häuser und Brücken zu bauen. Eine Rückkehr auf das Festland wollte niemand riskieren. Die Lagune trennte die Geflüchteten und die fremdländischen Krieger wie ein riesiger Burggraben, der Sicherheit versprach. Etwas, was in diesen Zeiten mehr wert als Gold war. Erst über 100 Jahre später kehrten einige auf das Festland zurück, gründeten Mestre neu. Heute ist Mestre ein Teil von Venedig.

Die ehemaligen Einwohner von Mestre und anderen Orten rund um die Lagune begannen also, eine Stadt im Meer zu bauen. Doch wie baut man eine Stadt, teilweise auf Inseln, aber teilweise auch auf dem Wasser? Bis vor 30 Jahren wusste keiner im Detail, wie Venedig wirklich errichtet wurde. Was sich unter der Wasseroberfläche als Fundament der historischen Bauten befindet. Man konnte ja nicht einfach ein historisches Gebäude abreißen, um nachzusehen. Das änderte sich am 29. Jänner 1996. Durch eine Feuerkatastrophe, die das weltberühmte Opernhaus „La Fenice" bis auf die Außenmauern zerstörte. Nach dem mystischen Feuervogel Phönix war das Haus deshalb benannt, weil es 1792 schon einmal niedergebrannt und dann wieder auferstanden war. Nachdem dort in den nächsten 200 Jahren Musikgeschichte geschrieben wurde, wurde es vor knapp 30 Jahren ein zweites Mal ein Raub der Flammen. Bevor es neuerlich wie Phönix aus der Asche auferstehen konnte, hatten Archäologen aber die Chance nachzusehen, wie es unter dem einst gewaltigen Opernhaus aussah. Und es waren spannende Entdeckungen, was die Baugeschichte betrifft.

Die ältesten heute noch stehenden Prachtbauten Venedigs stammen aus dem 11. Jahrhundert. Wie konnten sie beinahe 1000 Jahre im Wasser überdauern? Nach dem Brand von „La Fenice" wurden die letzten Rätsel gelöst. Sandbänke, Aufschüttungen und rund 100 kleine Inseln bilden die Basis des Fundaments von Venedig, das von rund 150 Kanälen durchzogen wird, die über 400 Brücken queren. Vor allem massive Holzpfähle spielen eine wesentliche Rolle. Auf ihnen stehen ähnlich einer Ölbohrinsel die Außenmauern der Gebäude hin zu den Kanälen. Diese waren übrigens einst Flüsse oder Bäche. Der berühmte Canale Grande etwa verläuft im ursprünglichen Flussbett der Brenta, die südöstlich von Trient als Abfluss des Caldonazzosees entspringt.

Die Brenta nannte man über Jahrhunderte Brandau. Dieser Name ist heute allerdings nicht mehr gebräuchlich. Die Brandau, aber auch der Ploden, heute Piave genannt, und nicht zu vergessen die Etsch sollten für den Auf- und Ausbau von Venedig eine große Rolle spielen. Warum die deutschen Namen der italienischen Flüsse? Von 1363 bis 1919 war Südtirol gemeinsam mit Nord- und Osttirol Teil des Habsburgerreiches. Über weite Strecken auch das Trentino, damals Welschtirol. Und gesprochen wurde in dieser Zeit dort nahezu ausschließlich Deutsch. Exakt dieses Gebiet hatte in genau dieser Zeit, teilweise schon zuvor, aus zweierlei Gründen enorme Wichtigkeit für die damalige Großmacht Venedig. Welche Gründe? Dies werden wir gleich auflösen. Ohne Tirol wäre Venedig jedenfalls wohl nie zu dieser Großmacht geworden. Venedig war bis 1797 Hauptstadt der Republik Venedig und mit mehr als 180.000 Einwohnern eine der größten europäischen Städte. Auch eine der weltweit bedeutendsten Handelsstädte. Venedig unterhielt in dieser Zeit die meisten Handels- und Kriegsschiffe aller Nationen.

Die Brenta verfrachtet viel ton- und kieshaltige Sedimente aus den Alpen in die Lagune von Venedig. Dort verdichten sich diese zu einem schlammigen Grund. In diesem zähen Schlick genügten meist einfache Ziegelsteinmauern, die nur ca. einen Meter in den Schlammboden reichen, für ein tragfähiges Fundament. Für die

Bauarbeiten wurde die zu bebauende Fläche zuerst trockengelegt. Dann wurde das Fundament angelegt, meist in der Form von vier parallelen Mauern, die am Kanal beginnen. Diese Mauern werden in den drei sich ergebenden Zwischenräumen mit in den Boden gerammten Baumstämmen verbunden. Damit die Mauern an den Rändern nicht abrutschen, rammte man dort ebenfalls Pfähle in den Untergrund. Diese Unterkonstruktion hat dann die Mächtigkeit, die viele Tonnen schweren Gebäude zu tragen.

EIN WALD VON VIELEN TAUSEND BAUMSTÄMMEN WURDE ZUM FUNDAMENT FÜR VENEDIG.

Kanalseitig wird für das Fundament ein ganzer Wald an Baumstämmen verbaut. Schätzungen besagen beispielsweise, dass für den Bau der Kirche Santa Maria della Salute an der Einfahrt zum Canale Grande, 1687 geweiht, fast 1,2 Millionen Baumstämme in den Boden gerammt wurden. Zum Abschluss wurden alle Zwischenräume mit Lehm und Schlick gefüllt. So schaffte man Fundamente, die die Häuser viele 100 Jahre tragen können. Diese Fundamente stützen auch die massiven venezianischen Prachtbauten wie den Dogenpalast, den Markusdom, den berühmten Campanile di San Marco mühelos.

Damit die Außenmauern der venezianischen Gebäude zum Wasser hin nicht abrutschten, rammte man ganz bestimmte Pfähle in den Untergrund. Bevorzugt aus Eiche, manchmal aber auch aus Pappel, Erle, Esche und Lärche. Wichtig dabei war, dass diese Pfähle auch bei Ebbe unter Wasser bleiben. Dauerhaft im Salzwasser stehend ohne jeden Kontakt zu Luft wurden sie über Jahrhunderte konserviert. So ist Holz praktisch unbegrenzt haltbar, wie sich ja in den über 1000 Jahren zeigte, seitdem die ältesten Häuser stehen. An die Oberseite der Holzpfähle wurden dann stark witterungsbeständige Lärchenbretter montiert. Auf den

Lärchenbrettern, die ebenfalls immer von Wasser bedeckt sein müssen, wurde dann eine etwa eineinhalb Meter hohe Mauer aus Ziegeln oder aus Kalkstein errichtet. Der Kalkstein ist äußerst wasserdicht, jedoch teuer. Deshalb wurde manchmal mit Ziegeln gearbeitet. Allerdings auch diese Ziegelwände haben einen kleinen Sockel aus Kalkstein. Um das Hochziehen von Wasser in die Gemäuer zu verhindern. Diese Kalksteinschicht bildete eine Wassersperre, die den Bereich zwischen der tiefsten und höchsten Wasserlinie abdeckt. Auf diesem Unterbau wurde dann das Haus herkömmlich gemauert.

Unterwasseraufnahmen zeigen, dass die Pfähle im Laufe der vielen Jahrhunderte, so sie immer unter Wasser standen, nicht morsch geworden sind. Im Gegenteil, sie wurden eisenhart. Normalerweise werden organische Bestandteile, in diesem Fall Holz, innerhalb von wenigen Jahren abgebaut. Dafür zeichnen hauptsächlich Bakterien und Pilze verantwortlich. Sie fressen das Holz sozusagen auf. Das konstant nasse Milieu unter Ausschluss von Sauerstoff in der Lagune von Venedig bietet diesen Organismen jedoch keine Lebensgrundlage. Es kommt im Idealfall zu keinerlei Zersetzungsprozess. Ständiger Kontakt mit dem salzhaltigen Lagunenwasser trägt dazu bei, dass das Holz mit der Zeit durch eine Art Versteinerungsprozess geht. Wesentlich dabei ist aber auch die Zufuhr von kieselsäurehaltigem Material aus den Trentiner Bergen über die Brenta. Das Holz wird durch einen chemischen Prozess immer härter. Dieser als Verkieselung bezeichnete Vorgang führt in das Holz laufend Siliziumdioxid ein. Dabei werden über lange Zeiträume die Zellzwischenräume und Hohlräume im Holz durch Kieselsäuregel ausgefüllt. Der Baumstamm wird eisenhart.

Man kann sich vorstellen, dass das durch Handel zu großem Reichtum gekommene Venedig aufgrund dieser Bauweise – und auch durch den umfangreichen Schiffbau in der Stadt – riesigen

Der berühmte Canale Grande folgt dem einstigen Flussbett der Brenta, die am Caldonazzosee bei Trient entspringt.

Holzhunger hatte. Und diese Mengen vermochte man nicht, so einfach mit Pferdekutschen quer durch Europa zu liefern. Hauptsächlich wurde Holztrift für die langen Strecken aus den Alpen genutzt. Bis in die 1950er-Jahre. Dabei wurde das Holz in Flüsse gekippt und von Flößern an den Zielort dirigiert. Und hier nun kommen Südtirol und Osttirol ins Spiel. Die südseitigen Flüsse aus den Ostalpen entwässern Richtung Adria, also Richtung Venedig. Geschichtlich gesehen war deshalb vor allem die Südseite der Alpen mit ihren stark bewaldeten Hängen ein idealer Holzlieferant für Venedig. Vor allem auch deshalb, weil mit den Flüssen Etsch, Brenta und Piave, die alle in unmittelbarer Nähe von Venedig in die Adria mündeten, ausgezeichnete Transportwege für das schwere Gut vorhanden waren. Doch der unbändige venezianische Holzhunger sorgte dafür, dass zusätzlich Holz aus Nordtirol und selbst aus Deutschland bis hinauf ins Harzgebirge beschwerlich nach Süden transportiert wurde.

Eine große Rolle bei der Holzbringung für Venedig spielte der knapp 50 Kilometer lange Vinschger Sonnenberg zwischen Partschins und Mals an der nordseitigen Talflanke des oberen Etschtals. Die mächtigen Lärchen, die dort geholzt wurden, traten die lange Reise an die Adria per Holztrift über die Etsch an. Und zwar hauptsächlich im Mai und Juni. Aufgrund der Schneeschmelze nutzte man dann den besonders hohen Wasserstand des zweitlängsten Flusses in Italien. Flößer dirigierten das treibende Holz über rund 350 Kilometer bis ganz in die Nähe von Chioggia, knapp 25 Kilometer unterhalb von Venedig, in dessen Nähe die Etsch – nur etwas mehr als zwei Kilometer südlich der Brenta – in die Adria mündet. Auch Eichen wuchsen einst in nicht geringer Zahl im oberen Etschtal. Das lassen die heutigen Restbestände, besonders auf der Höhe des Ausgangs des Münstertales, allerdings nur noch erahnen. 1906, mit der Eröffnung der Vinschger Bahn, die an die seit 1881 bestehende Bahnstrecke Meran–Bozen angeschlossen war, nahm die Holztrift in der Etsch langsam ab. Dann wurden die Baumstämme meist per Bahn Richtung Süden versandt.

Südtiroler Lärchen und Eichen wurden in Venedig zum Bau der Fundamente der Stadt verwendet. So mancher Baum landete auch im Schiffsbau. Vorzugsweise wurden mächtige Lärchen als Masten für Kriegsschiffe verbaut. Aber auch die berühmten Gondeln wurden aus dem Holz aus den Alpen gezimmert. Für Holzdecken und Dachkonstruktionen der vielen Prachtbauten sowie Brücken und zur Beheizung der Öfen der berühmten Glasindustrie fand das Südtiroler Holz, für Letzteres hauptsächlich Fichte, ebenso Verwendung. Doch nicht nur im Mittelalter blühte der Holzhandel Richtung Süden. Noch im Jahr 1848 wurde beispielsweise aus Schluderns berichtet, dass dort Bäume geschlagen wurden, die für Venedig bestimmt waren. Es heißt, dass der Vinschgau im Mittelalter so stark gerodet worden war, dass der Waldbestand Jahrhunderte benötigte, um sich zu erholen. Nicht mehr erholt haben sich die einst umfangreichen Eichenbestände.

Aber nicht nur aus dem Vinschgau gelangte Holz nach Venedig. Vom Wipptal aus wurde der Eisack, Südtirols zweitlängster Fluss, als Verlängerung zur Etsch für die Holztrift genutzt. Teilweise sogar aus dem Nordtiroler Teil des Wipptals, also aus dem Gebiet nördlich des Brenners. Daneben aber auch aus dem Pustertal. Sowohl auf Südtiroler wie auf Osttiroler Seite gibt es hierfür Überlieferungen. Von Osttirol und dem östlichen Pustertal aus nahm das Holz jedoch einen anderen Weg in Richtung Adria. Das ist beispielweise aus der Gemeinde Obertilliach im Lesachtal, ein Seitental des Pustertals, bekannt. Das Lesachtal mit den Dörfern Ober- und Untertilliach war schon immer durch seinen großen Waldreichtum bekannt. Die Waldwirtschaft und der Handel mit Holz waren seit vielen 100 Jahren die Basis für einen bescheidenen Wohlstand. Auch wenn vor allem der Handel bzw. der Transport ein mühsames Geschäft war.

Auf der ersten Etappe wurde das Holz auf Wegen und Pfaden über die Berge in das rund 90 Kilometer entfernte Cadore geliefert. Zuerst ging es dabei von Obertilliach kommend durch das Dorfertal entlang des Dorferbaches vorbei am Klapfsee hinauf auf die Porzescharte auf 2350 Meter Höhe. Im Schatten des etwas südlich gelegenen Porze. Ein schroffer und markanter, 2600 Meter hoher Gipfel. Der von West nach Ost lang gestreckte Berg fällt nach Norden mit schroffen und sehr steilen Wänden zum Talschluss des aus Obertilliach kommenden Dorfertals ab. Mit Ochsen, Pferden und teilweise auch mit Seilwinden wurden die Holzstämme hinauf auf die Porzescharte gezogen. Dort warteten dann bereits die Holzhändler aus Venedig und kauften den Osttiroler Bauern das Holz ab. Danach ging es für das schwere Gut weiter ins Cadore. Dort, wo heute der gleichnamige Stausee liegt. Um den mühevollen Holztransport über die Berge zwischen Osttirol und dem Belluno zu vereinfachen, baute später eine italienische Holzfirma auf eigene Kosten sogar einen winterfesten Weg durch das Dorfertal bis hinauf auf das Tilliacher Joch, auf der anderen, südlich gelegenen Seite des Porze. Das Tiroler Holz war für die Italiener so wertvoll, dass selbst derartige Investitionen auf österreichischem Gebiet getätigt wurden. Außerdem errichteten sie für den Transport eine Schleifbahn bzw. Lische, wie es im Volksmund hieß. Sie führte vom Tilliacher Joch hinunter ins Val di Londo. Auf dieser Rutsche für Baumstämme, im Winter sogar wie eine Art Bobbahn vereist, brachte man die Tausenden Stämme effizient ins nächste Tal, wo bereits Ochsen- und Pferdefuhrwerke für den Weitertransport ins Cadore warteten.

Holz aus dem Pustertal wurde über Innichen und Sexten ins Cadore geliefert. Dann ging es für den wertvollen Rohstoff aus den Tiroler Wäldern wieder auf dem Wasser weiter. Genutzt wurde dafür der Fluss Piave, der etwa 30 Kilometer oberhalb von Venedig bei Jesolo in die Adria mündet. An der Mündung des Piave übernahmen Schiffe die Fracht und zogen das Holz durch die Lagune an ihren Bestimmungsort Venedig. Die Etsch, die Brenta und der Piave waren aufgrund der Nähe von deren Mündungen zu Venedig für rund 1000 Jahre die idealen Routen für die Holzschwertransporte aus den Alpen an die Adria.

Mit der Eröffnung der Eisenbahn durch das Pustertal im Jahre 1871 veränderte sich alles grundlegend. Das Holz wurde nicht mehr über das Tilliacher Joch, sondern mit Ochsen- und Pferdefuhrwerken entlang des Flüsschens Gail, im Winter auf einem Schlittenweg, nach Rauchenbach, ein Weiler der Gemeinde Kartitsch, gebracht. Von dort wurde es zu Lagerplätzen beim Bahnhof in Sillian geliefert. Schleifbahn und Holztrift am Piave hatten ausgedient. Die beschwerliche Lieferung über die Alpenpässe ebenso. Nun wurden die Baumstämme weitaus weniger arbeitsintensiv per Bahn Richtung Süden verschickt. Die Wege über die Porzescharte und das Tilliacher Joch gerieten in Vergessenheit. Heute sind sie allerdings bei Wanderern wieder sehr beliebt.

3

Der biblische Bergsturz

Als ganze Berge im Ötztal und bei Eppan ins Tal stürzten

Die Vögel zwitscherten, der Wind streifte mit einem dezenten Rascheln durch die Nadeln und Blätter der Bäume. Die Strahlen der aufgehenden Sonne streichelten an einem frühen Junimorgen die sattgrüne Wiese der Waldlichtung. Ein Meer an Blumen wiegte sich in der leichten Morgenbrise dieser ruhigen Idylle. Ein kleiner Bach, den man heute Haglbach nennt, gurgelte leise über die kleine Wiese. Ein Gruppe Rehe tat sich am frischen Gras der Lichtung nahe dem Ufer eines kleinen Sees gütlich. Der See ist heute unter dem Namen Wildsee bekannt. Und wild und unverdorben präsentierte sich die Gegend auf dem Plateau über dem Inntal. Es sollte noch mehr als 4000 Jahre dauern, ehe ganz in der Nähe eine kleine Siedlung namens „Sevelt" (Feld am See) entstehen sollte. Eine Siedlung, die wir heute, noch einmal 1000 Jahre später, Seefeld nennen.

Doch plötzliche störte ein dumpfes Grollen das beschauliche Paradies. Ein tiefes Donnern wälzte sich von Westen kommend über die Szenerie. Vorangegangen war ein heftiger Schlag, der die Erde zum Beben brachte. Immer lauteres Grollen legte sich wie eine dicke, lärmende Decke über die kleine Lichtung. Die Vögel schreckten auf, die Rehe stoben auseinander und flüchteten in den Wald. Das dumpfe Getöse wurde zum krachenden Inferno. Mahlende Geräusche wechselten sich mit lauten Schlägen ab.

Die Gewalt von riesigen Bergstürzen zeigt sich auch darin, dass das zu Tal donnernde Gestein durch Reibungshitze bis zu 1700 Grad Celsius heiß wurde.

Die gewaltigen Naturereignisse in Form von Bergstürzen faszinierten auch Europas Künstler, wie dieser Holzschnitt aus dem Jahr 1881 zeigt.

Viele Minuten lang hing die infernalische Geräuschkulisse über der zuvor so ruhigen Szenerie, ehe sie abebbte und wieder Ruhe und Beschaulichkeit einkehrte.

Kurz zuvor hatte dieses Inferno am Rande des Toten Meeres im heutigen Jordanien seinen Anfang genommen. Sowohl das Alte Testament wie auch der Koran berichten prominent davon. Eine kosmische Explosion zerstörte die berühmten biblischen Städte Sodom und Gomorrha. In der Genesis etwa wird beschrieben, dass die Stadt Sodom durch Gottes Zorn unter einem Regen aus Feuer und Schwefel begraben wurde. Anhand von geschmolzener Keramik und Glas glaubt die Archäologie nach umfangreichen

Ausgrabungen heute, dass Bruchstücke eines Meteoriten für die gewaltigen Zerstörungen verantwortlich waren. Mündliche Überlieferungen über diese Naturkatastrophe über viele Generationen dürften schließlich zur Basis für die verschriftlichte Erzählung des Untergangs von Sodom und Gomorrha, blumig ausgeschmückt, in der Bibel sein.

Vom Nahen Osten zurück in die Alpen. Und zurück zum geheimnisvollen Donnern und Grollen in den Bergen Tirols. Es gibt einige Wissenschaftler, die die These aufstellen, dass mit den Zerstörungen in Sodom und Gomorrha das kosmische Ereignis noch nicht zu Ende war. Der Meteorit, andere sagen Asteroid, weitere Komet, soll nach seinem katastrophalen Auftritt am Toten Meer weiter glühend durch die Atmosphäre gezogen sein. Richtung Nordwesten. Über das Mittelmeer und Südtirol bis in das Herz der Alpen. Die kosmische Naturkatastrophe endete dann mit dem Einschlag des Himmelskörpers im Ötztal, was den drittgrößten derzeit bekannten Bergsturz auf der Welt auslöste. Den Köfels-Bergsturz. Er war verantwortlich für das Donnern und Grollen, das über weite Teile von Süd- und Nordtirol zog und auch – beispielbegebend – für die gespenstische Lärmkulisse am Seefelder Plateau sorgte.

Das Gesamtvolumen des sich in Bewegung setzenden Abbruchmaterials dieses gigantischen Bergsturzes betrug unvorstellbare 3,28 Kubikkilometer. Der gesamte Köfels-Berg, von dem heute nur noch ein kleiner Teil das westliche Ötztal gegenüber der Auffahrt nach Niederthai begrenzt, stürzte auf einer Gleitfläche von ungefähr zehn Quadratkilometern etwas südlich des heutigen Umhausen hinunter ins Ötztal. Durch die beim Absturz entstandene Reibungshitze von über 1700 Grad Celsius kam es zu einer Umwandlung des Abbruchmaterials von Gneis in ein glasiges, bimssteinartiges Gestein, das als Köfelsit bezeichnet wird. Ähnlich wie Bims, der bei Vulkanausbrüchen entsteht. Weshalb man eine Zeit lang einen Vulkanausbruch für diese Katastrophe verdächtigte. Die beim Bergsturz freigesetzte Energie hatte die Kraft von rund 4,5 Megatonnen TNT. Dies entspricht mehr als 346 Atombomben, wie sie die US-Amerikaner im Zweiten Weltkrieg auf Hiroshima abgeworfen haben. Das rutschende Gestein erreichte beim Sturz, beschleunigt durch die Schwerkraft, Geschwindigkeiten von 150 bis 200 Stundenkilometern. Wissenschaftler der Technischen Universität Wien führten im Bereich der Maurachschlucht, dem Zentrum der Aufschüttung des Bergsturzmaterials, Messungen durch. Diese ergaben, dass die ursprüngliche Talsohle an dieser Stelle beinahe in einem halben Kilometer Tiefe liegt.

Mark Hempsell, ein Wissenschaftler der Universität Bristol in Großbritannien, ist einer der Forscher, die den biblischen Bezug zum Köfels-Bergsturz hergestellt haben. Er hatte sich mit der Übersetzung einer assyrischen Tontafel des Britischen Museums in London beschäftigt, die in den Ruinen der Bibliothek des babylonischen Königspalastes von Ninive im heutigen Irak gefunden worden war. Er und seine Kollegen entzifferten den Inhalt als Niederschrift eines Augenzeugenberichts eines Asteroiden-Einschlages, bei dem auch die Städte Sodom und Gomorrha zerstört worden sein sollen. Die Beschreibung auf der Tontafel wurde von den Forschern als dermaßen exakt beschrieben, dass die Größe – Durchmesser knapp ein Kilometer – und die Flugbahn des Asteroiden berechnet werden konnten. Der Himmelskörper hat auf einer sehr flachen Bahn die Erdatmosphäre durchquert. Dabei soll er aus dem Nahen Osten kommend durch einen „Streifschuss“ am Gamskogel bei Längenfeld, von dem es heute gleich vier Gipfel gibt, zerbrochen und die dadurch entstandenen Trümmer am Köfels eingeschlagen sein. Dies soll den Mega-Bergsturz ausgelöst haben.

DIE BIBLISCHEN THEORIEN ZUM BERGSTURZ IN KÖFELS: SODOM UND GOMORRHA ODER DOCH DIE SINTFLUT?

Laut Mark Hempsell sind mehr als ein Dutzend jahrtausendealte Mythen bekannt, deren Ursache ein Asteroiden-Einschlag sein könnte. Darunter auch die biblische Erzählung von der Zerstörung von Sodom und Gomorrha. Das Ereignis soll sich am Morgen des 29. Juni im Jahr 3123 v. Chr. ereignet haben.

Meteorit, Asteroid, Komet, Vulkanausbruch oder schwindende Eiszeitgletscher? Diese Geschichte ist nicht der einzige Erklärungsversuch der Wissenschaft für den gigantischen Bergsturz. Es gibt eine ganze Reihe unterschiedlicher Deutungen der Ereignisse. Für die einen war ein Himmelskörper der Auslöser, sehr frühe Erklärungen hatten Vulkanismus im Verdacht, neuere Forschungen zeigen, dass es sich um einen nacheiszeitlichen Bergsturz handelt. Er wurde von österreichischen Forschern aufgrund von ausgiebigen Messungen im Absturzgebiet auf 6700 v. Chr. datiert, also weit früher als die Anhänger der Himmelskörpertheorie glauben. In der Eiszeit wurden Bergflanken von riesigen Gletschern gestützt. So auch im Ötztal. Nach dem Abschmelzen des Eises fehlte dessen Stützkraft. Das Resultat waren enorme Bergstürze. Also ein nicht minder spektakuläres Ereignis. Und Bergsturzereignisse gibt es in Tirol nördlich des Alpenhauptkammes sehr viele.

Statt Sodom und Gomorrha die Sintflut? Der österreichische Universitätsprofessor Alexander Tollmann und seine Frau Edith gingen in ihrem, allerdings umstrittenen, Erklärungsversuch noch einen Schritt weiter als Mark Hempsell. Sie stellten in Zusammenhang mit dem Köfels-Bergsturz eine weitere spannende und wiederum biblische Theorie auf und verknüpften die Sintflut mit dem Event am Köfels. Sie fassten sie im Buch „Und die

Sintflut gab es doch" zusammen. Darin heißt es, dass die Genesis und die Apokalypse des Johannes in der Bibel den Einschlag eines siebenteiligen Kometen, zeitgleich mit dem Köfels-Bergsturz, beschreiben. Ein Bruchstück dieses Kometen soll laut Tollmann das untere Ötztal verwüstet haben. Somit wäre die Naturkatastrophe im Westen Tirols untrennbar mit der biblischen Katastrophe der Sintflut verbunden, wie er glaubt.

In seiner wissenschaftlichen Arbeit schreibt Tollmann, der Sintflut-Impakt wäre um etwa 3 Uhr in der Früh mitteleuropäischer Zeit zu Nordherbstbeginn um das Äquinoktium (23. September) bei Neumond um das Jahr 9545 vor heute erfolgt. Der Sintflut-Impaktor wäre ein bedeutender, nach Kilometern messender Komet, der beim Vorbeiflug an der Sonne in sieben große und zahlreiche kleine Stücke zerlegt worden war, gewesen. Er soll vom Südosten auf die Südhalbkugel der Erde zugekommen sein. Die sieben Haupteinschläge erfolgten alle in den Ozeanen, was die Sintflut ausgelöst haben soll (im südlichen Pazifik, im Chinesischen Meer, im Indischen Ozean und im Atlantik). Nur kleinere Fragmente trafen das Festland. Zu diesen Einschlägen gehört laut Tollmann jener von Köfels.

Vor allem Nordtirol ist eine wahre Fundgrube an historischen Bergsturzereignissen. Schon seit langer Zeit wird vor allem in Tirol und in den Schweizer Alpen dazu geforscht. Nicht zuletzt deshalb haben auch englischsprachige Forscher sich ein deutsches Wort für die Bezeichnung derartiger Großereignisse entlehnt: Auf Englisch wird ein Bergsturz als „Sturzstrom" bezeichnet. Als Bergsturz wird ein großer Felsabbruch an steilen Bergflanken bezeichnet. Bei derartigen Vorgängen verhält sich das Gesteinsmaterial durch eingeschlossene Luftpolster ähnlich wie Wasser. Es „fließt" mit enormer Geschwindigkeit und kann an gegenüberliegenden Bergflanken, wie Wasser an einer Hafenmauer, aufbranden. Im Tiroler Oberland gibt es neben dem Köfels-Ereignis eine ganze Reihe von weiteren Beispielen für derartige Vorgänge. Etwa die enorm großen Bergstürze am Tschirgant und am Fernpass sowie in Haiming.

Mit einem äußerst prominenten historischen Bergsturz kann Südtirol aufwarten. Der Bergsturz vom Gandberg. Durch den auch eine spektakuläre Besonderheit geschaffen wurde – die berühmten Eppaner Eislöcher. Die abgebrochene Gesteinsmasse bedeckt ein Gebiet von rund einem Quadratkilometer. Im Volksmund wird das Gebiet auch Eppaner Gand genannt. Gand ist ein uraltes Wort aus der langobardischen Sprache und bedeutet übersetzt so viel wie Felssturz oder auch Trümmerfeld. Äußerst passend. An seiner höchsten Stelle türmt sich das Bergsturzmaterial über einen halben Kilometer hoch über den ursprünglichen Talgrund auf. Der Bergsturz ereignete sich während oder vor der letzten Eiszeit. Das vermuten Forscher deshalb, weil der einstige riesige Etsch-Gletscher, der das gesamte Tal vor mehr als 10.000 Jahren einnahm, am Bergsturzmaterial Spuren hinterlassen hat. Der Etsch-Gletscher bildete mit einer Länge von rund 350 Kilometern das größte Gletschersystem auf der Südseite der Alpen. Bei Bozen türmte er sich vom Talboden zwei Kilometer hoch auf. Zwischen den Dolomiten und der Ortlergruppe sorgte er für eine durchgehende, 40 Kilometer breite Eisfläche. In diesem Bereich, zu dem auch die Eppaner Gand zählte, ragte kein Berggipfel mehr aus dem Eis.

Felsstürze sind im Gegensatz zu Bergstürzen die Kleinform einer derartigen Katastrophe. Wenn das Volumen des Abbruchmaterials weniger als eine Million Kubikmeter beträgt, wird von einem Felssturz, darüber von einem Bergsturz, gesprochen. Bei den aktuellen Felsstürzen – Bergstürze sind weder in Süd- noch in Nord- bzw. Osttirol derzeit zu erwarten – ist meist eine Auflösung der Bindekraft des schmelzenden Permafrostes im Gestein Auslösegrund. Extreme Niederschläge oder Temperaturschwankungen können einen ähnlichen Effekt haben (Aufhebung der Bindekraft). Erdbeben, in Nordtirol ja nicht selten, kommen als Auslöser für Fels- und Bergstürze in Frage. Die Vibrationen brechen die letzten Verbindungen im Gesteinsverbund. Die Schwerkraft setzt dann das Gestein in Bewegung. Auch Einschläge von Asteroiden, Kometen und Meteoriten können, wie zuvor beschrieben, einen Bergsturz auslösen. Eine Sonderform des Felssturzes ist der Eissturz, bei dem hauptsächlich Eis, beispielsweise an Gletschern, in Bewegung gerät.

Es gibt zwei Arten von Bergstürzen: Schlipf- und Fallstürze. Beim Schlipfsturz gleitet das Abbruchmaterial eine Bergflanke hinunter. Beim Fallsturz befindet es sich im freien Fall. Da viele der großen Sturzereignisse in unseren Bergen in historischen Zeiten geschahen, aber die Auswirkungen heute noch – versteckt – zu sehen sind, lohnt es sich u.a. auf die Bezeichnung „Forchet“ zu schauen. Dies ist eine Flurbezeichnung für landwirtschaftlich unproduktives Gelände. Oft werden Schuttkegel von Bergstürzen Forchet genannt (z.B. beim Ötztal-Bahnhof oder in Haiming). Und woher weiß die Wissenschaft, wann sich derartige Ereignisse zugetragen haben? Um festzustellen, wann sich Bergstürze ereignet haben, greifen Wissenschaftler auf verschiedene Hilfsmittel zurück. Ein Weg ist beispielsweise, Pollen oder anderes eingeschlossenes historisches Pflanzenmaterial (meist Bäume) aus Bohrkernen per Radiokarbonmethode zu datieren.

Historische Mega-Bergstürze gibt es in Tirol eine ganze Reihe. Dazu viele weitere kleinere Bergsturz-Ereignisse. Außerdem sehr viele Felsstürze. Letztere auch in aktueller Zeit. Im Folgenden fünf Beispiele für historische Großereignisse aus dem Tiroler Oberland.

Eibsee: Im Grenzgebiet zwischen Bayern und Tirol, ungefähr in der Mitte zwischen Garmisch-Partenkirchen und Ehrwald,

Eine Satellitenaufnahme der US-Raumfahrtbehörde NASA zeigt das Ausmaß des Bergsturzes von Köfels für das Ötztal, auf dessen Talboden sich die Gesteinsmassen auftürmen.

ereignete sich vor etwa 3930 bis 4180 Jahren der Eibsee-Bergsturz. Die Menge des abgebrochenen Materials wird auf 400 bis 600 Millionen Kubikmeter geschätzt. Es stammt aus der Nordflanke des Zugspitz-Massivs und breitete sich auf einer Fläche von rund 13 Quadratkilometern aus.

Fernpass: Das gesamte Fernpassgebiet wurde von einem äußerst massiven Bergsturz geformt. Rund ein Kubikkilometer Gestein bewegte sich vor ca. 4100 Jahren 15,5 Kilometer durch die Täler Richtung Imst bzw. knapp elf Kilometer Richtung Lermoos. Wissenschaftler haben zudem herausgefunden, dass sich das Abbruchmaterial aus zwei überlagernden Bergstürzen zusammensetzt. Ihren Ausgang nahmen die Gesteinsbewegungen hauptsächlich am westlich gelegenen Kreuzjoch. Aber auch aus der Gartnerwand brach massiv Material ab.

Tschirgant: Vor rund 3750 Jahren löste sich aus dem Bereich der Weißen Wand ein enormer Bergsturz. Die Menge des abgebrochenen Gesteins wird auf 180 bis 240 Millionen Kubikmeter geschätzt. Die größte Ausdehnung der Gesteinslawine geht mit einer Länge von 6,2 Kilometern in Richtung Ötztal. Wissenschaftler gehen davon aus, dass es im gleichen Gebiet vor ca. 3150 Jahren einen zweiten Bergsturz gegeben hat. Das Abbruchmaterial des Tschirgant-Bergsturzes bildet ein hügeliges Gelände zwischen Ötztal-Bahnhof, Roppen und Sautens an der Einmündung des Ötztals in das Inntal.

Haiming: Etwa drei Kilometer inntalabwärts des Tschirgant-Bergsturzes fand der Haiminger Bergsturz statt. Er setzt sich aus drei Ereignissen zusammen, die sich vor ca. 3530, 3060 bzw. 1680 Jahren zugetragen haben. Der ursprüngliche Inntalboden bei Haiming ist mit 25 bis 34 Millionen Kubikmeter Abbruchmaterial aus dem Gebiet des zum Tschirgant-Massiv gehörenden Simmering überlagert.

Hochmais-Atemkopf: An der Westseite des heutigen Gepatsch-Stausees ging vor 9300 bis 8200 Jahren der Hochmais-Atemkopf-Bergsturz ab. Etwa 300 Millionen Kubikmeter Abbruchgestein breiteten sich auf einer Fläche von knapp drei Quadratkilometern aus. Exakt auf der gegenüberliegenden Talseite ereignete sich ebenfalls ein Bergsturz.

Auch im Tiroler Unterland gab es einen katastrophalen Bergsturz. Knapp östlich des Eingangs des Zillertals. Der Bergsturz vom Pletzachkogel im Gebiet zwischen Münster und Brixlegg markiert das jüngste derartige Großereignis in der Landesgeschichte.

Und diese Katastrophe hatte ganz besondere Auswirkungen für das Inntal, das Zillertal und die Menschen, die in dieser Gegend lebten. Aus diesem Grund haben wir diesem Bergsturz eine eigene Geschichte gewidmet (Kapitel 8).

Um sich eine Vorstellung machen zu können, welche Energie bei den genannten fünf großen Tiroler Bergsturzkatastrophen freigesetzt wurde – Wissenschaftler haben ausgerechnet, dass man damit eine Masse wie jene der berühmten ägyptischen Cheopspyramide in den Weltraum schießen könnte. Die Cheopspyramide wiegt laut Schätzungen rund sechs Millionen Tonnen. Würde man dies mit Raketen der europäischen Weltraumagentur ESA bewerkstelligen wollen, würde man dafür 545.454 Raketen der modernsten Klasse Ariane 6 (A64) benötigen.

4

Die verheerenden Plagen

Als Nord-, Süd- und Osttiroler gegen die Heuschrecken in den Krieg zogen

Die Sonne lachte vom Himmel. Ein strahlender Frühsommertag erwärmte die Herzen der Bewohner von Mils, dem kleinen Dorf im Osten von Hall in Tirol. Es war Sonntag und deshalb wartete auch nicht das übliche, beschwerliche Tagwerk. Die Leute strömten froh gelaunt für den Sonntagsgottesdienst Richtung Kirche. Und freuten sich bereits auf die Einkehr in das Gasthaus danach. Es war ein Tag, an dem selbst die sonst so hart arbeitenden Bauern zumindest ein wenig die Seele baumeln lassen konnten. Nichts schien die gute Stimmung in der Gemeinde bremsen zu können. Doch dann begannen die Kirchenglocken im Sturm zu läuten. Die Menschen blickten Richtung Himmel. Dieser war wolkenlos. Warum dann das Sturmgeläut, das normalerweise vor einem Unwetter warnen soll. Da erblickten die Ersten Richtung Unterinntal die wabernden Wolken, die nicht am Himmel, sondern knapp über dem Boden durch das Tal zogen. Die Älteren schauderten und begannen zu schreien. Sie wussten genau, was dies bedeutete. Kaum war die Botschaft von der sich nähernden grauenvollen Plage im Dorf per Boten eingelangt, folgte die Katastrophe bereits auf den Fuß.

Auch Künstler setzten sich mit Heuschreckeninvasionen auseinander. Ein Paradebeispiel ist das Gemälde „Ein Schwarm Heuschrecken“ aus dem Jahr 1882. Künstler unbekannt.

Die „Schedelsche Weltchronik“ (1493), eine illustrierte Darstellung der Weltgeschichte, beschäftigte sich auch mit den Heuschreckenplagen.

Es war, als wäre die achte der zehn biblischen Plagen des Alten Testaments über Tirol hereingebrochen. Stellenweise verdunkelte sich der Himmel, als ein gigantischer Schwarm Wanderheuschrecken durch das Inntal zog. Die Menschen bekreuzigten sich und beteten. Die Priester riefen Gott um Hilfe an und ließen die Kirchenglocken läuten. In Innsbruck wurde umgehend das Milizheer mobilgemacht. In der alten Chronik des Chronisten Franz Schweyger heißt es: „Am 26. Mai 1547 und in den nachfolgenden Tagen sind durch Hall große Kreuzgänge geschehen. Wegen der grausamen Plage der Heuschrecken. Die Leute von Hötting, Ampass, Arzl und Thaur sind durch Hall nach Mils mit dem Kreuze gegangen. Die Wallfahrt und Gebete sollten die

Gottesstrafe mildern. Am Freitag nach Fronleichnam hat man in Hall Befehl gegeben, dass ein jegliches Haus in der Stadt einen Mann in die Aue zu schicken hat. Zur Vertreibung dieser Tiere. Man hat große Blachen und Leintücher aufgespannt, damit sie nicht in das Haller Feld kriechen. Auch hat man Wassergruben ausgehoben und sie hineingetrieben. Und viele Gruben, in denen man die Erschlagenen vergraben hat. Sie haben einen mächtig großen Schaden verursacht und alles Getreide auf dem Felde bis auf den Boden abgefressen. Um Maria-Heimsuchung haben sie angefangen zu fliegen. Man hat sie durch Schellen und durch Klopfen auf Becken aus dem Haller Feld vertrieben. Mit Gottes Hilfe. Zuletzt haben sie doch noch etliche Kornäcker im Haller Feld abgefressen."

Im gesamten Inntal herrschte Aufruhr, während die riesigen Schwärme der Wanderheuschrecken sich über die Ernte der entsetzten Bauern hermachten und kilometerbreite Schneisen in die Felder fraßen. Als die Tiroler gegen die Heuschrecken in den Krieg zogen, entbrannte neben vielen Scharmützeln im gesamten Unterinntal mit einem Brennpunkt bei Hall letztlich in Innsbruck die Entscheidungsschlacht. Im Kampf um die Landeshauptstadt zog eine Menschenarmee gegen ein Insektenheer in den Kampf. Zentrum des Gemetzels war die Innbrücke. Sie wurde von den Soldaten, Bauern, Kaufleuten, Frauen, Kindern, Senioren – alle machten mit – verteidigt. Man wollte die Insektenscharen daran hindern, den Inn zu überqueren und zu durchbrechen. Es wurde eine lange, anstrengende und heiß umkämpfte Schlacht am Innübergang. Die Heuschrecken wurden erschlagen, zertreten, eingefangen und in Gruben verbrannt. Mit lärmenden Instrumenten wurde versucht, sie zurückzutreiben.

1542, fünf Jahre zuvor, war ebenfalls eine derartige Invasion über Tirol hereingebrochen. Ganze drei Wochen dauerten die Kämpfe, ehe die Heuschrecken getötet oder vertrieben waren. Der

Schaden für die Bauern war immens, die Bevölkerung litt aufgrund des riesigen Ernteausfalls Hunger.

Keineswegs von Einzelfällen kann man sprechen, wenn man sich die Heuschreckenplagen in Nord-, Süd- und Osttirol in den letzten paar 100 Jahren ansieht. Richtiggehende Invasionen spielten sich da ab, wie man sie heute nur aus den Fernsehnachrichten aus afrikanischen Ländern kennt. Das gab es im Mittelalter und auch später noch zum Schrecken der Einheimischen zeitweise fast im Jahrestakt. Und Heuschreckeninvasionen bedeuteten fast immer auch Hungersnöte. Denn die Tiere fraßen alles, was ihren Weg kreuzte. Deshalb begegneten die Südtiroler von einst, ebenso wie die Nordtiroler, derartigen Ereignissen mit einer Art Generalmobilmachung.

Von den Kindern bis zu den Greisen machten sich alle mit Besen, Schaufeln und oft nur mit bloßen Händen auf, um die Heuschreckenarmee abzuwehren. Oft wurden auf den Feldern Stangen mit Tüchern geschwungen, damit sich die Tiere erst gar nicht niederlassen und weiterziehen. Das berichtet etwa die Bozner Chronik. Eine besonders schwere Heuschreckenplage, heißt es da, gab es beispielsweise im Jahr 1338. Betroffen waren vor allem die Gegend von Bozen und das Überetsch. Nur drei Jahre später wiederholte sich das Ereignis. In der „Bozner Chronik" hieß es dazu: „Die Heuschrecken flogen durch das Land vor Bozen und die Etsch abwärts. Sie sammelten sich im Pustertal und die jungen Käfer fraßen das Korn, das man für das Vieh im Stall mähen musste. Jedermann mußte mit seinem Hausgesinde mit Besen und Stäben auf die Käfer einschlagen. Allein in der Stadt Bruneck füllte man drei große Keller mit Heuschrecken. In Brixen und Eppan tötete man sie mit kochendem Wasser und vergrub sie und wurde ihrer doch nicht ganz Herr. Auch mit Feuer rückte man den Heuschrecken zu Leibe."

Um das Ausmaß zu verstehen: So ein Schwarm kann aus bis zu zwei Milliarden Tieren bestehen und er bedeckt eine Fläche von rund zwölf Quadratkilometern. Bei heißem und nicht zu feuchtem Wetter legen die Heuschrecken ihre Eier im Boden ab. Aus den Larven schlüpfen im Folgejahr wieder Heuschrecken und verlängern somit die Plage. Mit einem einmaligen Überfall war es also oft nicht getan. Und – im Jahr 1364 dauerte die Plage in Nordtirol von Mitte August bis zum Wintereinbruch.

Es ist nur etwas mehr als 300 Jahre her, da gehörten derartige Naturereignisse für die heimische Bevölkerung noch zum normalen Leben. Die letzte Invasion, die zeitgleich Nord- und Südtirol traf, wurde 1693 in den Chroniken festgehalten. Die letzte in Mitteleuropa überhaupt gab es Mitte des 18. Jahrhunderts. Über Jahrhunderte tauchten die Schwärme aus den Steppen des Ostens immer wieder auf und sorgten in den Tälern Nord-, Ost- und Südtirols für riesige Schäden.

Die Schwärme der Europäischen Wanderheuschrecke, die hierfür verantwortlich waren, legen bei gutem Wind bis zu 200 Kilometer pro Tag zurück. Sie besiedelt ganz Afrika und Asien sowie Süd- und Südosteuropa. Sie bewegt sich nicht nur hüpfend voran, durch ihre guten Flugeigenschaften ist selbst das Meer kein Hindernis, weshalb sie manchmal über die südostasiatischen Inselketten bis nach Australien und Neuseeland wandert. In Europa tritt die Art in allen Ländern am Mittelmeer auf. Die Europäische Wanderheuschrecke erreicht eine Größe von rund sechs Zentimetern und ein Gewicht von bis zu drei Gramm. Sie zählt zu den größten Heuschrecken in Europa. Erwachsene Tiere leben nur wenige Wochen. Die Europäische Kommission hat die Wanderheuschrecke übrigens kürzlich als Snack und Lebensmittelzutat für den Markt zugelassen.

Die Heuschreckenschwärme, die Tirol und Südtirol heimsuchten, bestanden aus bis zu zwei Milliarden Tieren und bedeckten eine Fläche von zwölf Quadratkilometern.

Im Regelfall leben die Wanderheuschrecken als Einzeltiere. Doch manchmal kommt es zur Bildung riesiger Schwärme. Dann nämlich, wenn nach Wetteränderungen plötzlich besonders gute Bedingungen für Nachkommen herrschen, aber das Futter knapp wird. Die Gefahr, von hungrigen Artgenossen attackiert und gefressen zu werden, steigt dadurch. Um nicht gefressen zu werden, bewegen sich alle Tiere plötzlich in die gleiche Richtung. Sobald das alle tun, entsteht ein Schwarm. Und dieser macht sich in unseren Breitengraden fast immer Richtung Westen auf. Rechnet man das Einzelgewicht der Wanderheuschrecke auf die Schwarmgröße hoch, dann wiegt ein solcher Schwarm, wenn er denn einmal unterwegs ist, rund sechs Millionen Kilogramm.

Auf ihrem Weg nach Mitteleuropa schlugen die Heuschrecken unterschiedliche Wege ein. Aus der Schwarzmeerregion oder aus Moldawien über Ungarn kommend gab es eine nördliche Route über Salzburg und Oberbayern ins Inntal. Für Süd- und Osttirol relevant war die südlichere Route über Kärnten und Osttirol ins Pustertal. Von dort wanderten die Heuschreckenschwärme über die Felder auf den Anhöhen über dem Eisacktal Richtung Bozen weiter und entlang der Etsch bis ins Trentino. Es gab aber auch noch eine dritte Route. Gefahr drohte aus Bozner Sicht zwar meist aus Norden, manchmal aber auch aus Richtung Süden. Vor allem während der sogenannten Kleinen Eiszeit wichen die Heuschrecken dem alpinen Gelände über Kroatien in das Gebiet nördlich der Adria aus. Über die Poebene wanderten die Tiere von Süden kommend auch über das Etschtal in das Trentino und weiter bis nach Südtirol. Mit der Kleinen Eiszeit ab dem 15. Jahrhundert wurden die Invasionen im Alpenraum zunächst seltener und blieben dann ganz aus. Nach Mitte des 16. Jahrhunderts verschwanden die Heuschrecken in Mitteleuropa für rund 150 Jahre fast völlig und kamen praktisch nur mehr im Mittelmeerraum vor. Erst zwischen 1690 und 1694 zogen wieder nennenswerte Schwärme von Ungarn in die Alpenregion.

Die meisten Heuschreckeninvasionen fanden ca. ab Mitte August statt, jene im Jahr 1340 erst im September. Erntezeit war damals meist Ende Juli/Anfang August. Es war daher für die Bauern von einst besonders wichtig, die Ernte noch vor dem Eintreffen der Heuschrecken einzufahren. Ein großes Problem war dies, wenn die Heuschrecken sehr früh eintrafen. Das war beispielsweise im Juni 1341 der Fall. Als sich die Kunde verbreitete, brachte man in der Zugrichtung der Heuschrecken so schnell als möglich noch die Getreideernte vorzeitig ein, ehe die Tiere auf ihrem Zug vom Pustertal nach Süden auftauchten. 1339 etwa bis ins Lagertal-Vallagarina bei Rovereto, 1480 bis zum Gardasee. Ganz besonders schlimm erwischte es die Bauern im Nordtiroler Inntal wie zuvor geschildert 1547, als die Heuschrecken bereits Ende Mai eintrafen. Da gab es nicht mehr viel zu retten.

Um nicht nur die Bauern, sondern die gesamte Bevölkerung, die ja ebenfalls von den Ernteausfällen betroffen war, im Kampf Mensch gegen Heuschrecken besonders anzuspornen, wurden sogar Prämien ausgesetzt. Für jedes Star erlegter Heuschrecken wurden drei Schilling ausbezahlt. Ein Bozner Star entspricht knapp 31 Liter. Und drei Schilling entsprachen dem Tageslohn eines Lehrlings. Motiviert waren die Menschen im Kampf gegen die Heuschrecken aber so oder so. Schließlich wollte keiner durch einen Ernteverlust bis zum nächsten Jahr Hunger leiden.

Ein wichtiger Halt im Kampf der Menschen war damals die katholische Kirche. „Am 12. September 1749 veröffentlichte beispielsweise das Ordinariat des Bischofs von Brixen folgendes Rundschreiben: Es ist leider die verlässliche Nachricht eingetroffen, dass in den benachbarten Ländern das schädliche Ungeziefer, die Heuschrecken eingefallen sind und große Schäden zugefügt wurden. Damit nun der gütige Gott die fürchterliche Plage von unserem Vaterland gnädig abwenden wolle, befehlen Seine hochfürstlichen Gnaden, dass alle nach Gelegenheit jedes Ortes eine öffentliche Andacht anstellen soll." Bereits als man Kunde vom Einfall der Heuschrecken in Nachbarregionen hörte, versuchte man, durch Gebete die Plage abzuwehren. Kirchenglocken übernahmen dann die Rolle, wie heute Sirenen, von der herannahenden Gefahr zu warnen. Wallfahrten, wie eingangs für den damals berühmten Wallfahrtsort Mils geschildert, sollten dann im Ernstfall die Natur gnädig stimmen und große Schäden abwenden. Der Stadtrat von Schwaz verkündete 1546, dass die Heuschrecken nicht zu vertreiben seien, weil sie eine Strafe Gottes sind und deshalb sie vielmehr mit Hilfe von Gebeten, Prozessionen und einem besseren Lebenswandel verschwinden würden. Prozessionen halfen aber anscheinend nicht immer. So belegte man 1338 die Wanderheuschrecken in Kaltern mit einem geistlichen Bann und versuchte, im Namen Gottes die Tiere „mit brennenden Lichtern" abzuschießen, wie es in alten Quellen heißt. In der Schweiz und Italien ging man sogar noch weiter. In Basel wurden die Heuschrecken von einem geistlichen Gericht verklagt und mit einem Bann belegt. Der Erzbischof von Palermo betrieb einen Exorzismus, man versuchte also, mit einer Teufels- oder Dämonenaustreibung die Tiere abzuwehren.

Den heutigen Tirolern sind derartige Szenarien völlig fremd, kennt man diese Naturschauspiele maximal aus einer Fernsehdokumentation über die Afrikanische Wanderheuschrecke, die heute noch derartiges Verhalten an den Tag legt. Doch es ist nur etwas mehr als 200 Jahre her, da gehörten derartige Katastrophen, gespickt mit dramatischen Szenen, für die heimische Bevölkerung zum normalen Leben. Über Jahrhunderte tauchten die Schwärme aus den Steppen des Ostens immer wieder auf und sorgten für riesige Schäden in der Landwirtschaft.

Die Einfälle der Heuschreckenschwärme sind für den Osten von Österreich bis zurück in das Jahr 872 ausführlich dokumentiert. Für Südtirol und das Trentino gar bis in das Jahr 591. Sogar die österreichische Hauptstadt Wien wurde von Insektenheeren heimgesucht. Ganz besonders stark war dies 1195, 1338 und 1473 der Fall.

In den letzten 200 Jahren tauchten in Mitteleuropa keine Heuschreckenschwärme mehr auf. Forscher vermuten neben klimatischen Änderungen auch die Einführung von intensiver Landwirtschaft in der Umgebung des Schwarzen Meeres, von wo einst die Schwärme hauptsächlich kamen, als Grund. Einzelne Wanderheuschrecken wurden jedoch von Zeit zu Zeit auch später noch bei uns gefunden. Etwa 1898, als am Bahnhof von Kufstein eine Wanderheuschrecke eingefangen werden konnte. Sie wurde Teil der Raritätensammlung der Stadt. Mit Obst- und Gemüseladungen wurden diese früher gefürchteten Tiere auch noch im 20. und 21. Jahrhundert eingeschleppt. Das wird beispielsweise aus Innsbruck (1939), Sillian (1980), Lienz (1996), Weer (2010) und Dölsach (2012) berichtet.

Da stellt sich die Frage, ob es zu einer Rückkehr der Heuschreckenplagen kommen kann, etwa durch den Klimawandel. Eine Wissenschaftlergruppe des deutschen Julius-Kühn-Instituts und der Technischen Hochschule Köln hat aktuell eine mögliche Ausbreitung der Italienischen Schönschrecke, der Marokkanischen Wanderheuschrecke und der Europäischen Wanderheuschrecke im Zuge des Klimawandels modelliert. Das beunruhigende Ergebnis: Zehn bis 25 Prozent der landwirtschaftlichen Fläche an den untersuchten Standorten hauptsächlich in Bayern könnten wieder von Heuschreckenschwärmen bedroht sein. Einst zog die Europäische Wanderheuschrecke besonders in warmen und trockenen Sommern zu uns oder wenn nach außergewöhnlich trockenen Perioden Regenfälle einsetzten. Bedingungen, die durch den Klimawandel und dem Ende der Kleinen Eiszeit, die vom 15. bis ins 19. Jahrhundert reichte, immer stärker wieder gegeben sind.

5

Die todbringenden Wetterkatastrophen

Das Jahr ohne Sommer und der Winter des Terrors

Es war Ende April. Die Bauern in Leifers, keine zehn Kilometer südlich von Bozen, blickten sorgenvoll in den tief bewölkten Himmel. Man konnte sich keinen Reim auf das schon seit Monaten triste Wetter machen. Statt in warme Sonnenstrahlen getauchte Wiesen konnten sie aus dem Fenster der beheizten Stube nur trübes Wetter und Schnee bis zum Horizont sehen. Das im Herbst gesammelte Holz ging zur Neige. Noch immer musste man jeden Tag aufgrund der tiefen Temperaturen die Kachelöfen anfeuern. Der Kalender zeigte bereits den nahenden Sommerbeginn an, doch noch immer herrschte tiefer Winter. Statt täglichem Schneeschöpfen wäre es eigentlich bereits Zeit gewesen, die ersten Saaten auf den Feldern auszubringen. Doch der Frühling glänzte mit hartnäckiger Abwesenheit. An den Stammtischen in den Gasthäusern diskutierten die zur Untätigkeit verdammten Bauern leidenschaftlich darüber, was man falsch gemacht hatte, dass Gott die Menschen derart strafte. Und Tag um Tag wuchs die Sorge, ob man dieses Jahr aufgrund des ewig dauernden Winters am Ende gar keine Ernte einfahren könnte. Die Angst vor der sich abzeichnenden Hungersnot wurde immer größer.

Schnee wurde in der Geschichte aus unterschiedlichen Gründen mehrfach zur tausendfachen Todesfalle für die Menschen in den Bergen von Tirol und Südtirol.

Die Bergiselschlachten der Tiroler um Andreas Hofer gegen die napoleonischen Truppen waren gerade einmal fünf Jahre her, als man sich 1814 in Nord-, Süd- und Osttirol sowie im Trentino über die Wiedervereinigung Tirols mit Österreich freuen durfte. Nichts stand einer glänzenden Zukunft im Wege. Dachte man. Denn was im Jahr darauf passieren und mehr als drei Jahre andauern sollte, zählt zu den dunkelsten Zeiten in der Tiroler Geschichte.

Es hatte schon einige Tage rumort, als am 10. April 1815 um 19 Uhr Ortszeit der indonesische Vulkan Tambora mit riesigen Eruptionen ausbrach. Flammensäulen stiegen aus dem Berg empor und verwandelten das Gebiet in ein Inferno, so Augenzeugen. Sogar 2600 Kilometer entfernt auf der Insel Sumatra hörte man die Explosionen. Britische Militäreinheiten hielten sie zuerst für Kanonenschüsse. Der Ausbruch des Tambora war eine der größten Vulkankatastrophen in Jahrtausenden. Lokal gab es in Indonesien große Zerstörungen und geschätzte 71.000 Tote. Doch es blieb nicht bei einem lokalen Ereignis.

Weltweit starben durch den Ausbruch noch weit mehr Menschen, denn das ausgeworfene vulkanische Aschematerial stieg hoch in die Atmosphäre und wurde durch die Jetstreams rund um den Globus verteilt. Dies bewirkte eine globale Klimaveränderung, vor allem in Nordamerika, Asien und Europa. In Teilen der Nordhalbkugel kam es durch Missernten zur schlimmsten Hungersnot des 19. Jahrhunderts. Die Alpen und damit auch Tirol traf diese ungewöhnliche Kälteperiode, die im Jahr 1816 den Höchststand erreichte, besonders stark. Verstärkt wurde der Effekt des Tambora vermutlich durch den Ausbruch eines anderen Vulkans im Jahr zuvor, dem Mayon auf den Philippinen. Nicht nur in Süd-, Nord- und Osttirol bekam das Jahr 1816 durch die Ereignisse und ihre Folgen den Namen „das Jahr ohne Sommer“ verpasst.

Als der ganzjährige Winter 1816 ins Land zog, wuchsen im gesamten Land kaum noch Feldfrüchte. Anfang März trieben riesige Mengen Treibeis den Eisack, den Inn und die Drau hinunter. Im April lag in Bozen immer noch Schnee. Und es schneite unermüdlich weiter. Ende April war ganz Südtirol noch in winterliches Weiß getaucht. Der Wein blühte statt Mitte Mai erst im August. Die Kartoffelernte konnte nicht magerer sein. Aufgrund des noch ungenügenden Reifezustandes hatte man zu diesem Zeitpunkt viele Feldfrüchte noch nicht geerntet. Der frühe Frost mit zweistelligen Minusgraden zerstörte alles. Die große Hungersnot begann. Die Lebensmittelpreise vervielfachten sich. Es herrschte ein derartiger Mangel, dass von weiten Teilen der Bevölkerung Heu gekocht und gegessen wurde. Gab es kein Heu mehr, kam gekochte Rinde auf den Tisch. Die Ställe waren längst leer, da es kein Futter für die Tiere gab.

Bevor es besser wurde, wurde es in manchen Landesteilen aber sogar noch schlimmer. 1817 lag auf den Bergen der Schnee aus zwei Wintern, denn jener aus dem Winter 1815/16 war dort nie abgeschmolzen. Am 27. August 1817 begann es in dem ansonsten eher trockenen Jahr, plötzlich heftig zu regnen. Das brachte zusammen mit schon vorher einsetzenden warmen Winden den Schnee auf den Bergen dann doch zum Schmelzen. Der Eisack stieg über seine Ufer und der Bozner Talboden wurde in einer Flutkatastrophe komplett überschwemmt. Die Schäden waren riesig. Die Zahl der Todesopfer durch Hunger und Flut war hoch, genaue Zahlen gibt es jedoch keine. Gegen Herbst verbesserte sich die Witterung erstmals ein wenig und es gab zumindest eine kleine Ernte. 1818 hatte der Spuk dann ein Ende. Die Tiroler durften sich wieder über einen richtigen Sommer, keinerlei Naturkatastrophen und eine reichliche Ernte freuen.

Den genauen Grund für dieses immense, mehrjährige Leid deckten später Wissenschaftler auf. Ursache für die extremen klimatischen Veränderungen war der durch den Vulkan Tambora in Massen ausgestoßene Schwefel. Er legte sich wie ein Schleier in die Erdatmosphäre und schwächte die Sonneneinstrahlung markant ab, da die aus dem Schwefel entstandene Schwefelsäure zusammen mit Wasser das Sonnenlicht in das Weltall zurückspiegelte. Und da der Vulkan die Aerosole bis in die Stratosphäre pumpte, dauerte die Katastrophe so lange. Denn während Schwebstoffe in tieferen Lagen, sprich der Troposphäre, wo sich das Wetter abspielt, schnell ausgewaschen werden, halten sich Teilchen in der Stratosphäre jahrelang.

Die Ereignisse von 1815 bis 1817 waren keine Eintagsfliege. Bereits 536 n. Chr., 60 Jahre nach dem Ende des Römischen Reiches, trug sich Ähnliches zu. Eine weltweite Staubwolke, deren Ursache laut Vermutungen von Wissenschaftlern ebenfalls ein Vulkanausbruch war. Diesmal auf Island. Er verdunkelte die Sonne ebenfalls für mehr als ein Jahr und sorgte für eine vergleichbare weltweite Hungersnot. In China sollen damals bis zu drei Viertel der Bevölkerung den Hungertod erlitten haben. In Europa soll es ein Drittel der Bevölkerung gewesen sein. Auch dieses Ereignis hat das Gebiet, das man später Tirol nannte, getroffen. Nur ist dazu so gut wie nichts überliefert.

Doch nicht nur die durch Mega-Vulkanausbrüche ausgelösten katastrophalen Wetterkapriolen sorgten für Tod und Verzweiflung im Herz der Alpen. Eine sehr seltene Wetterkonstellation genügte 1951 bereits, um eine Tragödie auszulösen. Ganz ohne die Mithilfe von Vulkanen. Der Winter nur wenige Jahre nach dem Zweiten Weltkrieg ging ebenfalls in die Geschichte ein.

Er war Inspiration für Hollywoodfilme, beherrschte die Schlagzeilen und zog neben den betroffenen Ländern vor allem den englischsprachigen Raum in seinen Bann. Die Rede ist vom schlimmsten Lawinenwinter der Geschichte in den Alpen in

Ein gigantischer Ausbruch des Vulkans Tambora in Indonesien, mehr als 12.000 Kilometer von Tirol entfernt, sorgte für eine Wetterkatastrophe in den Alpen.

Österreich, Italien und der Schweiz. Mit seinem Epizentrum in Nord-, Süd- und Osttirol sowie der Ostschweiz. In den USA bekam er den Namen „Winter des Terrors" verpasst. Millionenschäden an der Infrastruktur und Hunderte Tote sowie eine Vielzahl an Verletzten waren das Ergebnis einer meteorologischen Ausnahmesituation.

649 zum Teil immense Lawinen, die in Gebiete vorstießen, die seit Menschengedenken nicht von Lawinen heimgesucht worden

waren, machten den Lawinenwinter 1951 zu einer zwei Monate währenden Katastrophe. Sogar Innsbruck wurde getroffen. Nur in den Anden gab es zwei Lawinenunglücke, die noch mehr Opfer forderten, als jene, die in diesen Tagen in den Alpentälern zu beklagen waren. Höhepunkt waren die Tage von 9. bis 22. Jänner und von 8. bis 15. Februar. Noch nie zuvor wurde eine derart hohe Zahl an Lawinen verzeichnet. Allein in Österreich gab es 135 Opfer zu beklagen, Tausende Hektar von Schutzwald wurden ebenso zerstört, wie ganze Ortschaften. Insgesamt mehr als 200 Gebäude waren Totalschäden. In Südtirol starben im Jänner 18 Menschen in nur einer Lawine. Die Ortschaft Heiligenblut wurde am 21. Jänner 1951 verheerend getroffen. Es gab 36 Tote. Vergleichbar mit der Katastrophe von Galtür 1999 mit 38 Toten. Aber auch in der Schweiz schlug der „Weiße Tod" in bis zu diesem Winter nie gekanntem Ausmaß zu. Die Ortschaft Andermatt wurde beispielsweise innerhalb einer Stunde von sechs Lawinen getroffen. Wollte man alle Ereignisse auf einen einzigen Tag fokussieren, dann war der absolute Brennpunkt der 21. Jänner 1951.

Eine Bilanz des Landesgendarmerie-Kommandos Tirol Ende Jänner 1951 fasst die Jänner-Ereignisse für Nord- und Osttirol in Zahlen zusammen – Opfer: 48 Tote, Zerstörungen: 54 Häuser, 16 Industriebetriebe, 13 Stallungen, 141 Heustadel, vier Seilbahnen, ein Skilift, neun Stromleitungen. Mehr als 2000 Helfer waren bei der Suche nach Verschütteten im Einsatz. Helfer aus den Reihen von Polizei, Gendarmerie, Zoll, Feuerwehr und Bergwacht, aber auch Private, selbst französische Besatzungssoldaten, damals noch im Lande.

Ein Vorbote späterer Ereignisse war eine Staublawine, die am 20. Jänner 1951 auf das Magnesit-Werk in Tux im Zillertal niederging. Die Gebäude wurden geräumt. Etwas mehr als zwei Stunden später folgten zwei weitere Staublawinen, die über das Werk hinwegrollten. Trotz Räumung kamen dabei acht Arbeiter ums Leben. Eine vierte Lawine begrub dann das gesamte Werk vollständig.

Am 21. Jänner 1951 wurden die Innsbrucker von der Mühlauer-Klamm-Lawine überrascht, die zuvor nie als ernste Gefahr angesehen wurde. Doch in diesem Extremwinter bahnten sich Schneemassen, ausgehend von den steilen Hängen der Rumer Spitze, ihren Weg durch die Klamm bis auf das Innsbrucker Stadtgebiet. Dabei wurde die Hauptwasserleitung der Stadt zerstört und das Mühlauer Kraftwerk stark beschädigt. Die Wasserversorgung von Innsbruck war vier Tage unterbrochen. Sogar Tankwagen aus München, Linz und Salzburg versorgten die Innsbrucker mit Wasser. Der Stadtteil Mühlau wurde vollständig evakuiert. Der Wald oberhalb der Klamm wurde in einer Breite von bis zu einem halben Kilometer auf einer Länge von rund einem Kilometer niedergerissen. Bis zu 600.000 Kubikmeter Schnee waren in Bewegung, wurde geschätzt. Die Schneemassen waren derart immens, dass sie erst im Spätsommer 1951 geschmolzen waren. Diese Schneemassen stauten nach dem Abgang der Lawine den Mühlauer Bach auf. Am Morgen des 22. Jänner brach der natürliche Damm. Es entstand eine Mure, die einen Weg der Verwüstung durch Mühlau zog und als Schuttkegel sogar den halben Inn am Talboden verlegte. Die Mühlauer Fabriken und viele Häuser wurden beschädigt.

Die Osttiroler Ortschaft Prägraten gilt als eine durch Lawinen am meisten gefährdeten Gemeinden der Alpen. Am 21. Jänner 1951 drang die Timmelbach-Lawine bis in die Ortsmitte von St. Andrä vor. Die Schneemassen zerstörten oder beschädigten dabei zahlreiche Häuser. Auch die Kapelle wurde niedergerissen. Eine Dorfbewohnerin fand in den Trümmern den Tod. Allein in den Tagen des 20. und 21. Jänner 1951 wurden in Osttirol 150 Lawinen dokumentiert.

Die Bergung von unzähligen Verschütteten stand im Lawinenwinter von 1951 in den gesamten Alpen fast durchgehend auf der Tagesordnung.

Das deutsche Nachrichtenmagazin „Der Spiegel" fasste die Situation im Jänner 1951 in Tirol folgendermaßen zusammen: „Das Dorf Ischgl wurde während der Katastrophennächte von 18 Lawinen zugedeckt. Das Dorf Spieß wurde von so hohen Schneemassen zugeschüttet, dass ein Schweizer Rettungsflugzeug den Ort drei Tage lange vergeblich suchte. Bei Nauders wurden Lawinenhütten aus Eisenbeton wie Streichhölzer zerbrochen. Eisenbahnschienen, als Lawinenschutz in den Boden gegraben und bergseitig doppelt verankert, wurden wie im Spiel S-förmig verbogen. Allein in Tirol wurden 51 Dörfer durch Lawinen beschädigt. Die Arlberg-Bahnstrecke war vier Tage lang unterbrochen. Die Karwendel-Bahn von Innsbruck nach Garmisch-Partenkirchen drei Tage lang verschüttet."

Die bis zu vierfache Schneemenge im Vergleich zu normalen Wintern waren der Nährboden für die vielen Lawinen. Bereits im November 1950 war überdurchschnittlich viel Schnee gefallen. Anfang Jänner kam noch einmal viel Neuschnee dazu. Diese meteorologische Ausnahmesituation gipfelte dann in der Nacht vom 15. auf den 16. Jänner 1951 in einer massiven Nordwest-Strömung. Diese sorgte an der Alpennordseite für fünf Tage fast durchgehend für weitere Schneefälle. Phasenweise gab es bis zu 15 Zentimeter Neuschnee pro Stunde. Zwischen dem 16. und 22. Jänner fielen an manchen Orten beinahe drei Meter Neuschnee. Ab 8. Februar kam es zu einer weiteren meteorologischen Ausnahmesituation. Es kam zu einer massiven Süd-Staulage. Bis zum 11. Februar hielten in Folge die Schneefälle an der Alpensüdseite an. Die im Februar üblichen Schneemengen wurden um das Vierfache übertroffen. Im italienischen Valle Onsernone wurde sogar die sechsfache Menge gemessen. So viel Schnee hatte es in 100 Jahren nicht gegeben.

Zu den immensen Neuschneemengen kam hinzu, dass Stürme für massive Schneeverfrachtungen sorgten (was ja auch einer der

Hauptauslöser des späteren Unglücks in Galtür war). Außerdem folgte am 19. und 20. Jänner eine warme Wetterphase, die die Schneefälle bis in etwa 2000 Meter Höhe in Regen übergehen ließ, was in weiterer Folge zu verheerenden Nassschneelawinen führte. Was die Lawinenabgänge selbst betrifft, wirkte sich die meteorologische Situation im Jänner weitaus katastrophaler aus, doch auch das Februar-Ereignis trug zu den hohen Opfer- und Schadenszahlen dieses Winters bei. Das deutsche Nachrichtenmagazin „Der Spiegel" schrieb damals: „In zwei Tagen war über eine Milliarde Tonnen Regen und Schnee auf die 12.645 Tiroler Quadratkilometer gefallen. Das ist das Doppelte des Monatsdurchschnitts. Diese eine Milliarde Tonnen raste dann eine Woche lang in Form von ungezählten Lawinen zu Tal."

Die schlimmsten Lawinenunglücke der Welt mit schier unglaublichen Opferzahlen ereigneten sich in den Anden in Peru. Aber bereits an dritter Stelle rangiert der sogenannte „Winter des Terrors". Die berüchtigte peruanische Huascaran-Lawine sorgte 1970 für 20.000 Tote. Acht Jahre zuvor hatte es an gleicher Stelle bereits 4000 Tote gegeben. Der „Winter des Terrors", wenn sich dieser auch aus einer Vielzahl an Lawinen in einer ganzen Region zusammensetzte, folgt in der Rangliste der größten Lawinenunglücke mit 265 Todesopfern an dritter Stelle. Weitere Großereignisse waren die Salang-Lawine 2010 in Afghanistan mit 172 Toten, gefolgt vom Kolka-Eissturz in Russland 2002 mit 125 Toten und der Kohistan-Lawine 2010 in Pakistan mit 102 Toten.

Wichtige Entwicklungen für den Lawinenschutz in Nord-, Süd- und Osttirol nahmen ihren Ausgang in den Ereignissen Anfang 1951. Lawinenverbauungen heutiger Prägung wurden beispielsweise im großen Stil errichtet. Ein Lawinenkataster wurde eingeführt und ab 1953 wurden Lawinenwarndienste installiert.

6

Die sterbenden Wälder

Als ein Klimawandel vor unserer Zeit für ein Massensterben der Wälder sorgte

Der Mann stapfte guten Mutes aus dem Ötztal kommend langsam den steilen Berghang hinunter. Vogelgezwitscher begleitete ihn an diesem sonnigen Frühlingstag, als er zuerst über die Bergwiesen und dann durch die ausgedehnten Wälder in Richtung Tal marschierte. Am Waldrand hatte er eine wohltuende Pause nach dem harten Weg über die Jöcher genommen. Danach ging es, wieder ein wenig erholt, weiter über das Schnals- in das Etschtal. Doch dort wandelte sich die fröhliche Frühlingsstimmung urplötzlich ins Gegenteil. Im Tal traf er auf einen Fremden, der ihm nicht wohlgesonnen war. Es entwickelte sich ein lautstarker Streit, gefolgt von einer gewalttätigen Auseinandersetzung. Der Mann, bereits ermattet vom langen Weg über die Berge, konnte jedoch flüchten. Schnittverletzungen am linken Arm und an den Händen sowie Kratzspuren auf dem gesamten Körper, vor allem auf dem Rücken, bezeugten, dass er im Süden nicht willkommen war. Es begann eine stundenlange Flucht. Über Nacht marschierte er über den gleichen Weg, den er zuvor gekommen war, zurück Richtung Norden, wieder hinauf in die Berge Richtung Ötztal. Als der nächste Morgen graute, hatte er bereits wieder die Waldgrenze erreicht. Auf der Linken ragte ein markanter Gipfel in die Höhe, den man heute Finailspitze nennt. Im Gegenteil zu heute war er völlig eisfrei. Der Mann hatte allerdings keinen Blick für das wunderschöne Panorama. Er wusste, dass ihm sein Gegner

Ein einsetzender Klimawandel zur Zeit des berühmten Ötzi, der am Ende einer Warmphase lebte, sorgte für ein Massensterben von Hochwäldern durch Eis und Schnee.

vom Vortag auf den Fersen war. Er hatte noch einen weiten Weg vor sich ins Ötztal.

Kurz nachdem er die Baumgrenze hinter sich gelassen hatte, näherte er sich einem Ort, der heute Tisenjoch genannt wird. Knapp unterhalb des Hauslabjochs. Er stapfte schnellen Schrittes weiter und immer weiter die Steigung empor. Als er das Tisenjoch schließlich erreichte, machte er für eine Jause Rast. Und wie am Vortag schlug die idyllische Ruhe plötzlich schlagartig in Gewalt um. Mitten in den Tiroler Bergen wurde der Mann von dem Fremden, der ihn mittlerweile eingeholt hatte, neuerlich angegriffen. Jedoch nicht mit den Fäusten, sondern hintertückisch mit Pfeil und Bogen. Ein Pfeil bohrte sich in seine linke Schulter und verletzte eine Arterie. Der Angreifer, den der Mann gar nicht bemerkt hatte, schoss den Pfeil von schräg unterhalb am Abhang in den Rücken des rastenden Flüchtenden. Dieser sank sofort stark blutend zu Boden. Schwer atmend schwanden dem Opfer die Sinne. Seinen Tod in der Einsamkeit der Ötztaler Alpen bekam nur der Angreifer mit. Er ließ den Mann an seinem Sterbeort einfach liegen. Und dort sollte er 5300 Jahre verbleiben. In dieser Zeit veränderte sich die Umgebung stark. Einst eisfrei und von der Sonne wohlig wärmend bedacht, wuchsen rings um den Toten mit einer einsetzenden Klimaverschlechterung Eis und Schnee. Sie umschlossen den Toten und konservierten den Leichnam. Die Wälder zogen sich in tiefere Lagen zurück und die Gegend um das Tisenjoch verödete und wurde schließlich gänzlich wie die nahe Finailspitze in ewiges Weiß gehüllt.

Herbst 1991. Mehr als 5000 Jahre waren nach dem schicksalhaften Frühlingstag vergangen. Ein Ehepaar aus Deutschland genoss am Ende eines heißen Sommers die Berge an der Grenze zwischen Nord- und Südtirol. An diesem Tag waren die Urlauber über das Niedertal vom Ötztal aus kommend entlang der Staatsgrenze dem Tisenjoch entgegengewandert. Zu ihren Füßen bahnte sich der imposante Niederjochferner, dessen oberer Teil sich in Südtirol befindet, der untere Teil in Nordtirol, seinen Weg Richtung Similaun. Sie erreichten das Tisenjoch, eine Senke des Schnalskammes zwischen der Finailspitze und dem Similaun, die das Schnalstal mit dem Ötztal verbindet. Der Blick der beiden Urlauber fiel auf eine Mulde, in der sie eine schreckliche Entdeckung machten. Eine Leiche. Ohne sich bewusst zu sein, dass sie sich auf Südtiroler Boden befanden, verständigten sie umgehend die Polizei im Ötztal. Die Leiche wurde von den Österreichern geborgen und in die Gerichtsmedizin nach Innsbruck gebracht. Die Fundstelle der Leiche war eine Felsmulde, die Tausende Jahre lang von Gletschereis bedeckt war. Der gefundene Mann war in dieser Mulde dank einer unbeweglichen Eismasse über ihm bestens geschützt und überdauerte gut erhalten ca. 5300 Jahre seit seinem gewaltsamen Tod an diesem Ort. Erst beim endgültigen Rückzug des Gletschers durch starkes Abtauen im ungewöhnlich heißen Sommer des Jahres 1991 wurde die Leiche entdeckt. Zu diesem Zeitpunkt war aber noch niemandem klar, was für einen Fund man gemacht hatte. Dies zeigten erst die Untersuchungen in Innsbruck. Der Tote wurde so als wissenschaftliche Sensation wiedergeboren. Als durch natürliche Gefriertrocknung konservierte Leiche aus der Steinzeit. Der prominente Tote bekam sofort einen Spitznamen verpasst, den heute nahezu jeder kennt: Ötzi. Dessen exakte Fundstelle, besagte Mulde, befindet sich rund 70 Meter nordöstlich des nachträglich errichteten Ötzi-Denkmals.

Die Mumie von Ötzi ist eine der meistuntersuchten Leichen der Geschichte. Zuerst in Innsbruck, später in Bozen. Von Wissenschaftlern aus aller Welt. Und diese fanden erstaunlich viel über die letzten Stunden des Steinzeitmannes heraus. Eine Pollenanalyse zeigte die einstigen, eingangs geschilderten Wege, die Ötzi vor seinem gewaltsamen Tod genommen hatte, auf. Und es waren ebenfalls Pollen, Hopfenpollen, über die man herausfand, dass sich sein Ableben im Frühling ereignete. Die Verletzungen aus der Auseinandersetzung mit dem Fremden wurden bei einer Obduktion entdeckt. Viel später stießen die Forscher dann in Bozen noch auf die Pfeilspitze in der Schulter, die den Rest der Geschichte erzählte. Dass Ötzi und viele andere der damals lebenden Menschen recht einfach über die Berge zwischen dem Ötztal und dem Schnalstal kamen, hat mit einer nacheiszeitlichen Klimaerwärmung zu tun. Ein Glücksfall für Menschen auf Wanderschaft, aber vor allem auch für die Flora des Hochgebirges. Denn damals war es dort oben viel wärmer als heute. Wiesen und Wälder gedeihten bis in die Hochlagen. Die Saumpfade der Menschen waren in der warmen Jahreszeit durchgehend schnee- und eisfrei. Doch exakt in der Zeit der persönlichen Katastrophe des Ötzi bahnte sich auch für die Fauna und Flora des Hochgebirges eine Katastrophe an. Ausgelöst durch einen neuerlichen Klimawandel.

In der Zeit, als Ötzi noch lebte, nahm die Vergletscherung der Ötztaler Alpen wieder zu. Nur etwa zwölf Kilometer vom Tisenjoch entfernt liegt die Weißseespitze. Wissenschaftler hatten dort rund 2020 Eisbohrkerne entnommen, deren Auswertung zeigte, dass der 3498 Meter hohe Berg vor ungefähr 6000 Jahren völlig eisfrei war. Rund 100 Jahre später wurde das Klima langsam kälter. Die Vergletscherung nahm nach der nacheiszeitlichen Wärmeperiode wieder zu. Heute ist die Weißseespitze in Eis und Schnee gehüllt. Durch die damalige Warmzeit war das Überqueren der hohen Alpenpässe um einiges leichter als heute, wurde dann aber durch die einsetzende Abkühlung wieder schwieriger und gefährlicher. Es ist ungeklärt, ob Ötzi schon auf Eis starb oder noch auf Felsen oder gar in einer Wiese und im Zuge der Abkühlung erst später von Eis überdeckt wurde. Das Alter des Eises, in dem Ötzi eingeschlossen war, wurde nie datiert. In der Zwischenzeit ist es leider geschmolzen. Es kann also nicht mehr geklärt werden, wie das Umfeld zum Todeszeitpunkt genau aussah. Doch gewiss ist eines, die Gegend im Schnals- und Ötztal, wie sie Ötzi kannte, war eine andere, als wir sie heute kennen. Die Wälder reichten viel weiter in die damals eisfreien Höhen des Gebirges hinauf. Die Bergflanken zwischen Niederjochferner und Tisenjoch, welche heute völlig bar jeden Bewuchses und baumfrei sind, waren damals noch in Grün getaucht, gesprenkelt mit einzelnen Zirben, die die damals höhere Baumgrenze markierten.

Ortswechsel. Einer der markantesten Berge und zugleich eines der großen Wahrzeichen Südtirols ist der Schlern. Mächtig ragt er in den Himmel, obwohl er von der Höhe her mit seinen 2563 Metern nicht ganz an die anderen spektakulären Dolomitengipfel heranreicht. Wie etwa der nahe Langkofel mit seinen 3181 Metern auf der anderen Seite der Seiser Alm. Trotz seiner geringeren Höhe ist der Schlern heute eine klassische Glatze. Das Hochplateau im Gipfelbereich ist komplett unbewaldet. Doch das war nicht immer so.

Die Seiser Alm zu Füßen des Schlern liegt auf einer Höhe von 1680 bis maximal 2350 Metern. Damit liegt sie nahezu gänzlich unterhalb der heutigen Waldgrenze in Südtirol, würde also ohne den Eingriff des Menschen völlig zuwachsen. In Tirol schwankt die natürliche Waldgrenze aktuell zwischen 1800 und 2100 Metern. An klimatisch günstiger gelegenen Südhängen geht es weiter hinauf, an Nordhängen ohne vergleichbare Unterstützung der Sonne grob gesagt etwas weniger weit. Bäume können vereinzelt in besonders günstigen Lagen auch etwas höher wachsen. Deshalb gibt es den Begriff Baumgrenze, die in Nord-, Süd- und Osttirol im Regelfall bei 2100 Metern liegt. Deshalb wachsen heute keine Bäume auf dem Schlernplateau, denn dieses liegt gänzlich über der Waldgrenze und größtenteils über der Baumgrenze. Das Gebiet zwischen Wald- und Baumgrenze bezeichnet man als Kampfzone des Waldes. Die kurzen Vegetationszeiten in dieser Höhe bremsen das Baumwachstum stark ab. Ab der Waldgrenze

Der Schlern, Südtirols berühmteste „Glatze“, war einst komplett bewaldet. Eine einsetzende Kaltphase beraubte ihn jedoch seines „Kopfschmuckes“.

gibt es deshalb keine geschlossene Vegetationsdecke mehr, nur noch vereinzelt schaffen es Bäume, sich durchzusetzen. Ganz oben auf unseren Bergen gibt es nur mehr alpine Rasen, Flechten und Moose.

Wald- und Baumgrenze sind keine Fixgrößen. Sie hängen vom aktuellen Klima ab. Wird es wärmer, steigen sie, wird es kälter, sinken sie. Und die Schwankungen im Klima sind über die Zeit durchaus beachtlich. Als vor rund 11.700 Jahren die Eiszeit endete und sich Eis und Schnee aus Mitteleuropa zurückzogen, wurden auch die Alpen von ihrem Eispanzer befreit. Nach ungefähr 1000 Jahren dieser Entwicklung war es dann ungefähr so warm wie heute. Aber die Temperaturen stiegen in den nächsten 1000 Jahren weiter an. Es wurde immer wärmer. Die meiste Zeit bis heute waren die Alpen mit einem wärmeren Klima gesegnet, als wir es heute haben. Doch in etwa der Zeit, als Ötzi sein gewaltsames Ende fand, sorgte eine einsetzende katastrophale Abkühlung dafür, dass sich das Hochgebirge drastisch wandelte. Wiesen, ebenso wie Wälder, konnten aufgrund der niederen Temperaturen in der Höhe nicht mehr gedeihen. Es setzte ein botanisches Massensterben ein und es entstand eine Fels- und Eiswüste. Die Pflanzen zogen sich klimatisch bedingt in niederere Höhen zurück.

Vor ungefähr 4500 bis 3000 Jahren sanken die Temperaturen stetig und pendelten sich dann ungefähr im heutigen Bereich ein. Nun allerdings mit einer Tendenz zur neuerlichen Erwärmung. Sollten die Temperaturen durch den aktuellen Klimawandel wieder in jene Höhen steigen, wie sie zu Ötzis und in den Zeiten zuvor lagen, werden sich Wiesen und Bäume das Hochgebirge wieder zurückerobern. Wald- und Baumgrenze lagen in der Zeitspanne von vor rund 9700 bis eben 4500 Jahren aufgrund der höheren Temperaturen teilweise wesentlich höher als heute.

Äußerst spannend ist in diesem Zusammenhang eine wissenschaftliche Untersuchung dieser Vorgänge durch Wissenschaftler aus Bozen und Innsbruck. Die Forscher untersuchten subfossile Holzreste und Brandhorizonte in den Tiroler Bergen. Daraus konnten sie Rückschlüsse auf die Waldgrenze in vergangenen Zeiten gewinnen. Für die Untersuchungen wählten sie die Ötztaler Alpen, die sich ja über das gesamte Gebiet zwischen Inntal und Vinschgau erstrecken. Also auf beiden Seiten der Staatsgrenze zwischen Italien und Österreich. Die meisten Probenentnahmen wurden entlang des Alpenhauptkamms vorgenommen. Das Ergebnis ist hoch spannend: Vor rund 9700 Jahren bildete laut den Wissenschaftlern die Zirbe auf rund 2500 Metern die Waldgrenze, welche sich dort mit kleinen Unterbrechungen fünf Jahrtausende lang hielt. Ziemlich exakt die Höhe des Schlerngipfels. Das Schlernplateau liegt zwischen ungefähr 2200 (Moarbodenalm) und rund 2400 Metern (Schlernhaus). Die Baumgrenze dürfte sogar noch um einiges höher gelegen haben.

Rund 2500 Meter hoch lag die Waldgrenze über Jahrtausende in den Tiroler Bergen. Eine spektakuläre Zahl, denn dies bedeutet, dass der Wald lange Zeit um bis zu unfassbare 300 bis 400 Höhenmeter weiter hinauf in unsere Berge reichte. Auch der markante Innsbrucker Hausberg Patscherkofel, heute wie der Schlern eine Glatze, war damals ebenfalls bis hinauf zum Gipfel bewaldet. Die Baumgrenze musste noch weitaus höher gelegen haben, vermutlich jenseits der 3000 Meter. Also höher als die meisten Gipfel in Tirol, nördlich wie südlich des Brenners. Jedenfalls weitaus höher als der Schlern in Höhenmetern auf die Waage bringt. Oder der Patscherkofel, der mit einer Höhe von 2246 Metern sogar um rund 300 Meter niedriger als der Schlern ist. Ähnliches gilt für den 2717 Meter hohen Spitzkofel, den Hausberg von Lienz. Oder den 2581 Meter hohen Großen Ifinger, den Hausberg von Meran. Das Schlernplateau dürfte damals also komplett bewaldet gewesen sein. Von der Seiser Alm ganz zu schweigen. Diese ist heute nur deshalb nicht bewaldet, da der Mensch durch Brandrodung Almen schaffte. Wie in vielen Teilen Süd-, Nord- und Osttirols.

Die Forscher aus Bozen und Innsbruck, Hanspeter Staffler, Kurt Nicolussi und Gernot Patzelt, befassten sich, nachdem durch den Fund von Ötzi der Fokus plötzlich auf das Hochgebirge gerichtet war, mit der nacheiszeitlichen Waldgrenzenentwicklung in eben

> EINE NACHEISZEITLICHE KLIMAERWÄRMUNG SORGTE DAFÜR, DASS DIE WALDGRENZE FÜR 5000 JAHRE BIS AUF FAST 2500 METER STIEG.

diesem Gebiet. Die Forschungen in den Hochlagen der Ötztaler Alpen und der benachbarten Sesvennagruppe ergaben ein klares und erstaunliches Bild der Waldentwicklung im Tiroler Hochgebirge seit dem Ende der Eiszeit. Bereits kurz nach dem Ende der Eiszeit hatte die Waldgrenze ungefähr heutiges Niveau erreicht. In weiterer Folge besiedelten die Wälder aber aufgrund einer Klimaerwärmung jedoch immer höhere Lagen. Das wurde für die Hochwälder jedoch zur Katastrophe, als sich das Klima wieder stark abkühlte. Die Waldgrenze sank dadurch wieder auf das heutige Niveau. Alle hoch gelegenen Waldgebiete verschwanden wieder. In manchen Gebieten gab es sogar einen starken Abfall. Dies war allerdings nicht rein klimatisch, sondern auch durch den Menschen und die einsetzende Almwirtschaft begründet. Im Fokus der Forscher waren bei ihrer Suche nach der einstigen Wald- bzw. Baumgrenze vor allem Zirben, die von allen Baumarten die höchsten Höhen erklommen. Fossilierte Baumstämme, über die eine genau zeitliche Datierung möglich war, ermöglichten das Auffinden von einstigen Wald- und Baumgrenzen. Etwa ein eingebetteter Zirbenstamm am Lazaunsee bei Schnals in 2425 Meter Höhe. Der Baum mit rund zehn Zentimeter Stammdurchmesser starb vor knapp 10.000 Jahren. Etwas jüngere Belege fanden die Wissenschaftler auf 2440 Meter Meereshöhe im Grünen See bei Mals. Über die nächsten rund 5400 Jahre lassen etliche Holzfunde auf einen weitgehend geschlossenen Hochlagenwald schließen, der lediglich durch Lawinen-, Steinschlag- oder Murenbahnen durchbrochen war.

Die gesammelten Ergebnisse der spannenden Forschungen: Es ist davon auszugehen, dass sich die Waldgrenze in den Westtiroler Zentralalpen vor 10.000 Jahren, also nach der Eiszeit, auf 2400 bis 2450 Meter Höhe befand. Dort hielt sie sich fünf Jahrtausende. In etwa bis in die Zeit des Todes von Ötzi. Schwankungen gab es nur kurzzeitig. Das gleiche Bild zeigen Pollenanalysen aus den Schweizer Bergen. Auch diese belegen eine anschließende dramatische Absenkung der Wald- und Baumgrenze.

Von 5000 bis 2000 Jahre vor unserer Zeit nimmt die Funddichte dann dramatisch ab. Dies weist auf eine katastrophale Auflösung der Waldstruktur in diesen Höhen hin. Seit rund um Christi Geburt bis in die jüngste Vergangenheit fanden sich keine Belege mehr für Wälder in Höhen von um die 2450 Meter. Die Forscher aus Süd- und Nordtirol gehen ab dieser Zeit von einer waldfreien Graslandschaft in diesen Höhen aus. Darüber bedeckten in tiefere Lagen wanderndes Eis und Schnee die Hänge. Dass sich für Ötzi ein gänzlich anderes Bild der Landschaft präsentierte, als wir es heute kennen, davon sind die Forscher überzeugt. Mit Sicherheit hatten steinzeitliche Jäger auf ihren sommerlichen Jagdzügen im Hochgebirge und steinzeitliche Hirten mit ihren Schaf- und Ziegenherden diese Wälder und die darüberliegenden Naturweiden aufgesucht. Diese Hochwälder bestanden hauptsächlich aus Zirben.

Die endgültige Erklärung der Forscher für das dramatische Verschwinden der Hochwälder setzt sich letztendlich aus zwei Komponenten zusammen. Der natürliche, geschlossene Hochlagenwald verschwand jedoch nicht nur durch die klimatischen Änderungen, also durch die Klimaabkühlung. Diese dominierte zu Beginn der Phase in den vergangenen 5000 Jahren. In den letzten 2000 Jahren kam aber noch der Faktor Mensch dazu. Beweidung und Brandrodung hatten in dieser Zeit ebenfalls maßgeblichen Anteil, dass der Wald mehrere Hundert

Höhenmeter nach unten gedrückt wurde. Wie viel Anteil der Mensch am Ende tatsächlich an dieser Entwicklung hatte, lässt sich jedoch nicht eindeutig feststellen.

Was kann die Zukunft bringen? Die aktuelle Klimaerwärmung wird sicherlich zu einem erfolgreichen Vordringen der Wälder in höhere Lagen beitragen. Ebenso wird eine Erhöhung der Kohlendioxidwerte in der Luft dafür sorgen, dass die Pflanzen des Hochgebirges besser gedeihen werden. Kohlendioxid ist schließlich die Nahrung der Pflanzen, aus der sie durch Photosynthese Zucker bilden. Wenn die aktuelle Entwicklung also weitergeht, werden irgendwann wieder Bäume auf 2500 Meter Höhe stehen. Und es ist davon auszugehen, dass es Zirben sein werden.

7

Die spektakuläre Unterwelt

Südtirols berühmteste Höhle im Hochabteital reichte einst bis nach Venetien

Geschäftiges Treiben herrschte an einem warmen Spätsommertag des Jahres 1939 auf dem Bahnhof in Jenbach. Die Unterinntaler Bahnstation war dieser Tage fest in der Hand des Militärs. Genauer gesagt des Gebirgsjägerregiments 136 aus Innsbruck und Landeck. Leichte und schwere Waffen wurden ebenso wie Tragtiere und Kraftfahrzeuge auf Truppenzüge der deutschen Wehrmacht geladen. Die Tiroler Einheit, mehr als 1000 Mann stark, war aus dem Tiroler Jägerregiment des österreichischen Bundesheeres entstanden, nun aber Teil der Wehrmacht. Die Hektik war groß, denn das Regiment sollte an die Grenze von Polen verlegt werden. Wie in Geschichtsbüchern in den kommenden Jahrzehnten geschildert werden sollte, waren die Tiroler Gebirgsjäger eine von vielen Einheiten, die am Beginn des Zweiten Weltkriegs beteiligt waren. In den ersten Tagen noch als Reserve der Heeresgruppe Süd, doch dann ging es bald kämpfend über Przemyśl bis in den Raum Lemberg, die ehemalige Habsburgerstadt, heute Lwiw in der Ukraine. Mitten in diesem ganzen Durcheinander begann der Bergbauernsohn Alois Huber gerade mit der Umsetzung seines eigenen Plans, der sich nicht mit jenem der Wehrmacht deckte. Der Zillertaler hatte im Dezember 1938 die Einberufung

Ein Team von Christoph Spötl von der Universität Innsbruck erforschte Südtirols berühmteste Höhle ausgiebig und machte dabei erstaunliche Entdeckungen.

zum Gebirgsjägerregiment 136 erhalten. In der Kaserne in Landeck wurde der fitte junge Mann, geprägt durch das manchmal recht harte Leben auf einem Bauernhof hoch oben in den Bergen bei Hart im Zillertal, zum anspruchsvollen Dienst als Tragtierführer ausgebildet. Mit Tieren kannte sich der Bauernsohn bestens aus. Auch als Soldat war er dann stets fleißig und seine Vorgesetzten bezeichneten ihn als einen sehr anständigen Burschen. Was keiner seiner Kameraden und Vorgesetzten wusste, Alois hatte nicht vor, in den Krieg zu ziehen. Er hatte lange an seinem Plan im Kopf gebastelt, nun galt es, beherzt zu handeln. Knapp vor der Abfahrt des Truppenzuges, dem er zugewiesen war, kletterte er unbemerkt durch ein Fenster der Waggontoilette. Er nutzte das Chaos der Verladung der Einheiten und ihres Materials perfekt. Es war wie das Anschleichen an ein Reh im Wald, das er schon als Bergbauernbub von seinem Vater gelernt hatte. Nur dass es diesmal nicht ums An-, sondern ums Wegschleichen ging. Unauffällig verließ er im Chaos das Bahnhofsgelände und setzte sich zu Fuß, durch die Wälder schleichend, ins heimatliche Zillertal ab. Von Jenbach ja kein weiter Weg. Das Fehlen von Alois Huber bemerkte die Regimentsführung unter Oberst Karl Eglseer, der spätere Gebirgsjägergeneral, erst bei der Ankunft des Truppenzuges an der Grenze zu Polen. Viele Stunden später. Genug Vorsprung für den jungen Tiroler also, um endgültig zu verschwinden. Die nachfolgende, intensive Suche nach ihm durch Gestapo und Gendarmerie blieb bis zum Kriegsende, sechs Jahre später, ergebnislos und Alois Huber wurde zum am längsten untergetauchten Deserteur im Gebiet von Vorarlberg, Tirol und Südtirol.

Alois Huber war sprichwörtlich wie vom Erdboden verschwunden. Und in diesem Spruch liegt, was die stille, aber doch spektakuläre Flucht des jungen Mannes betrifft, sehr viel Wahrheit. Denn sie hat mit der Zillertaler Unterwelt zu tun. Nur wenige kannten sich in der Bergwelt des mittleren Zillertals besser aus als der

Bergbauernsohn. Er versteckte sich für die gesamte Dauer des Zweiten Weltkriegs vor allem in Höhlen in den Bergen nahe seiner Heimatgemeinde. Höhlen, von deren Existenz kaum einer wusste. Sie lagen ganz hinten im Haselbachgraben, einem kleinen Seitental des Zillertals, das beim Harter Weiler Haselbach Richtung Osten abzweigte. Bekannt ist der Haselbachgraben allerdings nicht für diese Höhlen, auch heute noch den meisten unbekannt, sondern für einen der höchsten Wasserfälle Tirols, den Schleierwasserfall, über den das Wasser des Haselbaches über fast 100 Meter hinunterstürzt.

Von seiner Flucht gewusst hatten anfangs nur sein älterer Bruder Max, seine Schwester Anna und seine Mutter Helene. Vater Johann wurde erst später eingeweiht, als die Gestapo bereits nach ihm suchte. Mit der Zeit musste sich Alois Hubers Flucht in die Berge allerdings doch im kleinen Kreis der Harter Bergbauern im Weiler Haselbach herumgesprochen haben. Denn es gab plötzlich Nachahmer. Auch was die erfolgreiche Fluchtmethode betraf. Vier Jahre hauste der mittlerweile 26-jährige Naturbursche bereits in den Bergen, als der 28 Jahre alte Peter Hotter, Sohn einer nicht weit von den Hubers entfernt lebenden Bergbauernfamilie, nach einem Heimaturlaub bei Brixlegg ebenfalls aus einem Zug sprang und abseits der Straßen zurück ins Zillertal schlich. Peter Hotters Bruder Georg machte es ihm ein Jahr später auf die gleiche Weise nach. Zwei weitere Brüder der mittlerweile drei Fahnenflüchtigen, Johann Huber und Johann Hotter, desertierten schließlich 1945. Zufluchtsort für alle waren auf ca. 1300 Meter Höhe Verstecke in mehreren Höhlen im äußerst unzugänglichen, aber doch noch relativ nahe an den Höfen der Familien gelegenen Haselbachgraben. Versorgt wurden die Deserteure von ihren Familien und einem befreundeten Bergbauern eines ebenfalls nahe gelegenen Hofs durch Hinterlegung von Lebensmitteln und Ausrüstung an vereinbarten Plätzen. Die beschwerlichen Versorgungsgänge, im Winter sogar lebensgefährlich, übernahmen zwei weitere Brüder, Josef Hotter und Georg Huber. Der eine krankheitsbedingt untauglich, der andere noch zu jung für den Dienst mit der Waffe. Letzterer geriet bei einem tiefwinterlichen Versorgungsmarsch in eine Lawine und überlebte nur mit großem Glück.

Als die US-Armee am 5. Mai 1945 im Zillertal die Kontrolle übernahm, kamen die Deserteure in ihren zerschlissenen Kleidern aus ihrem Versteck. Die Erforschung dieser erstaunlichen Geschichte war ein Projekt der Wissenschaftler des Instituts für Zeitgeschichte der Universität Innsbruck. Vor allem Peter Pirker trug mit seinen Recherchen maßgeblich dazu bei, dass die Ereignisse nicht in Vergessenheit gerieten. Etwa folgender Aspekt: „Dem Fahndungsakt zufolge forderten Wehrmachtsgerichte und die Gestapo Innsbruck die lokale Gendarmerie regelmäßig zu Einvernahmen seiner Angehörigen und Ermittlungen im Zillertal auf. Die Nachforschungen ergaben bloß, dass er sich möglicherweise etwas angetan hatte, vielleicht auf der Flucht verhungert sei oder sich in die Schweiz begeben hatte", fand Peter Pirker heraus. Und: „Bis heute sind aus Steinen geschichtete Trockenmauern und Bettlager und andere Überreste der Behausung in den Höhlen erhalten geblieben." Josef Kainzner vom Videoclub Hart im Zillertal hat 2005 einen spannenden Kurzfilm mit dem Namen „Das Versteck" zu diesem abenteuerlichen Verschwinden der Bergbauernbuben des Ortes in den kaum bekannten Höhlen des Haselbachgrabens kreiert (auf Youtube zu finden).

In diesem Kapitel um Höhlen nördlich und südlich des Brenners geht es hauptsächlich um das Thema Verschwinden. Nicht nur Menschen verschwinden in Ausnahmesituationen, wie eingangs erzählt, sondern auch jene erstaunlichen Gebilde im Untergrund unserer Berge, die beispielsweise den jungen Zillertalern vermutlich das Leben gerettet haben: Höhlen. Verschwundene Höhlen? Ja das kommt vor. Die Landschaft formt sich über die Millennien immer wieder neu. Als katastrophal bezeichnet das Verlorengehen von spektakulären Höhlen vor allem der Mensch mit seinen oftmals nostalgischen Gefühlen, was die Natur betrifft. Dazu gibt es aus Südtirol ein prominentes Beispiel. Nämlich die spannende Geschichte, die sich hinter der sensationellen Entdeckung eines Hoteliers und Bergführers vor knapp 40 Jahren verborgen hat. Dazu gleich mehr. Natürlich verlieren auch Fauna und Flora ihre ganz speziellen Biotope, wenn Höhlen verschwinden. Aber erdgeschichtlich gesehen ist der Wandel nur bedingt eine Katastrophe. Mehr ein ständiges Kommen und Gehen sozusagen.

Höhlen gibt es in Südtirol einige, doch was das Hochabteital zu bieten hat, ist einzigartig. Dort wurde vor nicht allzu langer Zeit urplötzlich aus einem Gebirgssee eine Höhle. Damit nicht genug – nur ein paar 100 Meter entfernt öffnet sich eine ganz spezielle Pforte in eine Millionen Jahre alte Unterwelt. Inklusive Relikten von Höhlenbären und Löwen. Keiner weiß genau wann, aber irgendwann im Laufe des Jahres 1994 verwandelte sich die imposante Bergwelt auf rund 2940 Meter Meereshöhe zwischen der 3064 Meter hohen Conturinesspitze und der nur neun Meter niedrigeren „La Varella" innerhalb kürzester Zeit auf spektakuläre Weise. Beschaulich spiegelte sich in einem malerischen Bergsee namens „Lago delle Due Forcelle", der „See der zwei Gabeln", die Szenerie der umliegenden Berggiganten. Doch dann Getöse und gurgelnde Geräusche, der Boden vibrierte. Der wunderschöne Bergsee, ähnlich dem heute noch bestehenden „Lago Conturines", nur 1,2 Kilometer weiter nordöstlich gelegen, verschwand und an seiner Stelle gähnte ein riesiges Loch im Boden. Was war passiert?

Zuerst ein kurzer Schauplatzwechsel: Wenn man östlich von St. Kassian die Conturinesspitze erklimmt, ist man als Höhlenforscher auf dem richtigen Pfad. Christoph Spötl, Dekan der Fakultät für Geo- und Atmosphärenwissenschaften der

Universität Innsbruck, zählt zu jenen, die sich ausgiebig mit der Unterwelt rund um die Conturinesspitze befasst haben, speziell die mittlerweile berühmte Conturineshöhle. Aber auch das sogenannte „Abisso di Cenote“ kennt er aus erster Hand. Letzteres ist heute an der Stelle des zuvor beschriebenen Bergsees zu finden. „Abisso“ ist italienisch und steht für Abgrund. „Cenote“ stammt aus der Sprache der mexikanischen Ureinwohner, der Maya. Es bedeutet „heiliger Quell“. Doch lassen wir Christoph Spötl erklären, was damit gemeint ist: „Das ‚Abisso di Cenote‘ ist wie die meisten Höhlen im Naturpark Fanes-Sennes-Prags eine Schachthöhle. Ursprünglich war der Zutritt durch einen riesigen Eispfropfen versperrt. Über diesem hatte sich ein Bergsee gebildet. Vor knapp 30 Jahren ist der Eispfropfen gebrochen und der See verschwunden. Das Wasser war schlicht wie durch den Abfluss in einem Waschbecken in der Höhle verschwunden.“ Der Höhle, die zuvor unbekannt war und erst durch dieses Ereignis bei uns Menschen bekannt wurde.

Der „Abisso di Cenote“ wird auf Deutsch Cenote-Abgrund genannt. Eine der tiefsten und eindrucksvollsten Höhlen in den Dolomiten. Francesco Sauro von der Universität Bologna: „Erst im Jahr 2010 konnte man unter trockenen Bedingungen die Höhle erkunden.“ Zuvor verwehrten Wasser und Eis jahrelang den Zugang. Von 2000 bis 2008 war die Höhle sogar gänzlich durch Eis und Schnee verschlossen. „Die Expedition von 2010 entdeckte einen 160 Meter tiefen Abgrund. Die Erkundung endete in einer riesigen Halle, die derzeit nach Fläche und Volumen die größte unterirdische Halle ist, die in den Dolomiten entdeckt wurde.“ Möglicherweise ist die Höhle noch weitaus tiefer, aber Schutt versperrt den Weg.

Auf gänzlich andere Art und Weise verzaubert die Conturineshöhle, die noch spektakulärer als der „Abisso di Cenote“ ist. Aus dreierlei Gründen: ihre riesigen Tropfsteine, der Fund von

Höhlenbären- und Höhlenlöwenknochen und ihre mögliche Verbindung zu einer anderen Höhle in weiter Ferne im Rahmen eines vermutlich riesigen prähistorischen Höhlensystems. Doch der Reihe nach.

1987 war der Hotelier und Bergführer Willy Costamoling aus Corvara auf der Ostflanke der Conturinesspitze unterwegs. Er wollte Mineralien suchen. Doch was er fand, war etwas ganz anderes. Er entdeckte an diesem Tag die Conturineshöhle, die vor knapp 40 Jahren erstmals von Eis und Schnee freigegeben worden war. Zuvor ebenfalls unbekannt. Niemand wusste bis zu diesem Tag, dass es dort oben, auf fast 3000 Metern, eine Höhle gab. Costamoling trat neugierig ein. Und fand sofort jede Menge Knochen. Wie sich herausstellen sollte von einer damals noch unbekannten Art Höhlenbär, die Gernot Rabeder von der Universität Wien, der die folgenden Ausgrabungen leitete, „Ursus ladinicus“ nannte. Ladinischer Bär. Gefunden wurden mehr als 10.000 Bärenknochen, zwischen 50.000 und 100.000 Jahre alt, und ein Knochen eines Höhlenlöwen. Die faszinierende Geschichte des Höhlenbären kann man heute perfekt im Museum Ladin „Ursus ladinicus“, einer Außenstelle des Museum Ladin in St.Martin in Thurn, ergründen.

Gewaltig sind die Tropfsteine der Conturineshöhle, die Christoph Spötl von der Universität Innsbruck erforschte. „Die Tropfsteine sagen uns, dass die Höhle sehr alt ist. Millionen von Jahren. Sie stammt aus einer Zeit, da gab es die Dolomiten noch gar nicht. Einer Zeit, als das Land hier flach war, es mindestens 1000 Meter tiefer lag und ein warmes und feuchtes Klima herrschte.“ Wie alt genau, das wissen die Forscher noch nicht. „Um die sechs Millionen Jahre. Doch bisher sind wir mit allen genauen Datierungsversuchen gescheitert.“ Letzter Ausweg ist eine sehr komplexe Datierungsmethode (Uran-Blei). „Zusammen mit einem australischen Labor sind wir damit beim ersten Versuch gescheitert, doch kommendes Jahr werden wir mit einem noch versierteren Labor aus China das Rätsel hoffentlich lösen", erzählt Christoph Spötl.

Wenn man von dieser Höhle spricht, spricht man zugleich auch über das katastrophale Verschwinden von Unterwelten. So spektakulär die Conturineshöhle mit ihren Höhlenbärenknochen und riesigen Tropfsteinen ist, noch weitaus faszinierender ist ihre Vergangenheit. „Die Conturineshöhle ist vermutlich das Relikt eines prähistorischen Höhlensystems. Im Gegensatz zum ‚Cenote'-Abgrund ist sie kein Schacht, sondern beinahe horizontal angelegt, leicht nach hinten ansteigend", beschreibt Christoph Spötl. Der Innsbrucker Forscher ist überzeugt, dass die Höhle früher einmal weitaus größer war. Doch durch die Gebirgsbildung der Dolomiten wurde das Höhlensystem, von dem sie ein Teil war, zerstört. „Es gibt eine Höhle in der Tofana, etwas tiefer gelegen, aber sehr ähnlich, die ebenfalls unvermittelt aus einer Wand kommt. Es drängt sich der Verdacht auf, dass die beiden Höhlen einmal zusammengehörten." Christoph Spötl spricht von der „Grotta di Tofane", auf 2364 Metern am Südhang der „Tofana di Rozes" gelegen. Sie ist in Luftlinie etwas mehr als sieben Kilometer von der Conturineshöhle entfernt. Nicht mehr in Südtirol, sondern in Venetien. Im Gebiet von Cortina d'Ampezzo, das vor der Teilung Tirols auch zu Südtirol gehörte.

Wie groß dieses Höhlensystem einmal wirklich war, ist unbekannt. Durch geologische Kräfte ist das sie umgebende Gestein einfach umgelagert oder abgetragen worden. Und somit verschwand auch der riesige Hohlraum im Inneren. Wie die Südtiroler Mega-Höhle vielleicht ausgesehen haben könnte, das kann man nur wenige Kilometer hinter der Nordiroler Grenze in den Leoganger Steinbergen sehen. Die Lamprechtshöhle in St. Martin bei Lofer, manchmal auch Lamprechtsofen genannt, gehört zu den größten Höhlensystemen Europas. Sie gilt außerdem als die längste

Gewaltige und eindrucksvolle Tropfsteingebilde schmücken die berühmte Conturineshöhle im Südtiroler Hochabteital.

Durchgangshöhle der Welt. Sie ist auf 62 Kilometer Länge und 1727 Meter Tiefe erforscht und somit die tiefste Höhle Österreichs und die fünfttiefste der Welt. Der Eingang ist fast der tiefste Punkt der Höhle. Von dort geht es praktisch nur noch bergauf. Beinahe hinauf bis unter die umliegenden Gipfel.

Eine Katastrophe bahnt sich aktuell bei einer ganzen Reihe von Eishöhlen an. Der Geologe Tanguy Racine von der Universität

Innsbruck warnt, dass besonders das Eis kleinerer Höhlen in naher Zukunft zu verschwinden droht. „Nicht nur Gletscher zeigen eine überdurchschnittlich negative Massenbilanz besonders in den letzten Jahrzehnten. Auch das Eis der Eishöhlen ist von den Folgen des Temperaturanstiegs und der rückläufigen Niederschlagsmengen stark betroffen“, sagt Tanguy Racine. „Wir sehen eine Geschwindigkeit des Eisrückgangs, die in keiner Periode in unserem Messzeitraum der letzten 2000 Jahre zu beobachten war. Um ein Beispiel zu nennen: Das Monitoring im Guffert-Eisschacht in Steinberg am Rofan ergab einen Rückgang der Schneeoberfläche um fast drei Meter zwischen 2019 und 2021.“ Die Erklärung für diese Entwicklung ist analog zu den Gletschern der Klimawandel. „Besonders für die mittleren und kleineren Eishöhlen müssen wir davon ausgehen, dass sie in den nächsten Jahren bis Jahrzehnten massiv an Eismasse einbüßen oder sogar gänzlich eisfrei werden“, verdeutlicht Tanguy Racine. „Die Uhr tickt laut.“

DIE UHR FÜR DIE TIROLER UND SÜDTIROLER EISHÖHLEN TICKT.

Mit Hilfe der Radiokarbonmethode ermittelte das Forscherteam das Alter der oft viele Meter dicken Eisschichten in den Höhlen: Um das Eis zu datieren, hat man sich auf kleinste Einschlüsse von Holz in den Eisschichten konzentriert. Das Alter dieser Holzreste, die von außen in die Höhlen gefallen sind, lässt sich genau bestimmen. Die große Datenbasis aus insgesamt 107 Datierungen von Holz-Einschlüssen aus dem Eis zeichnet ein genaues Bild der Zu- und Abnahme des Eises in den Eishöhlen – die sogenannte Massenbilanz – und das über einen Zeitraum von bis zu 2000 Jahren in die Vergangenheit. Durch diese Vorgehensweise konnte man belegen, dass sich historisch dokumentierte Gletschervorstöße wie etwa in der „Kleinen Eiszeit“ auch im

Zuwachs der Eismasse in Eishöhlen abbilden bzw. zeitlich zusammenfallen. Für den Zeitraum der letzten zwei Jahrtausende wurde ein vergleichbares Auf und Ab der Eisentwicklung in Eishöhlen und Gletschern belegt. Für beide ist wesentlich, wie viel Schnee im Winter fällt und wie warm die Sommer sind. Die Ergebnisse zeigen uns auch, dass ein Großteil des unterirdischen Eises aus der „Kleinen Eiszeit" zwischen dem 15. und 19. Jahrhundert stammt.

8

Der natürliche Stausee

Ein katastrophaler Bergsturz schuf einen riesigen See am Eingang ins Zillertal

Es war ein wunderschöner, sonniger Tag, als ein Händler auf seinem Weg Richtung Bayern auf der Straße im Tiroler Unterinntal unterwegs war. Er hatte gerade den Eingang ins Zillertal erreicht und bewunderte das großartige Panorama, das sich ihm bot. Die Sonnenstrahlen tauchten die Berge in Fahrtrichtung nördlich des Inn am Eingang in das Brandenbergtal in ein grelles Licht. Wunderschön hob es die dichten grünen Wälder am Berghang unter dem tiefblauen Himmel ab. Nur die Geräusche seines Gefährts auf der Straße durchbrachen die Stille, die das fröhliche Bild abrundete. Doch plötzlich unterbrach ein heftiges Krachen und Grollen diese paradiesische Szenerie. Ungläubig starrte der Mann in Richtung des Berges links vom Inn knapp unterhalb der Einmündung des Zillertals in das Inntal, den man später Pletzachkogel nennen würde. Der ganze Berg begann vor seinen Augen zu zerbröseln und stürzte ins Tal. Infernalische Mahlgeräusche überdeckten die vorige Stille. Die Erde bebte. Riesige Staubwolken erhoben sich in den Himmel. Fassungslos hielt der Mann sein Gefährt an. Er konnte seinen Blick nicht mehr von der katastrophalen Stein- und Staublawine lösen, die sich den Weg ins Tal bahnte, den Inn überquerte und wie sturmgepeitschtes Wasser an einer Hafenmauer am Gegenhang hochbrandete. Er sah in der Ferne, wie sein nächstes Ziel, eine Herberge bei Matzen, von den Gesteinsmassen verschlungen wurde. Er dachte

Die Gesteinsmassen eines gewaltigen Bergsturzes stauten im Inntal einen riesigen See auf, der erst verschwand, als sich der Inn durch die natürliche Staumauer gefressen hatte.

an die Menschen der hinter der Herberge gelegenen Siedlung an einer Innbrücke, die er von früheren Reisen her kannte. Sie verschwanden ebenfalls in diesem höllischen Gesteinsregen. Es dauerte nicht allzu lange, da kehrte wieder Ruhe ein. Eine leichte Brise verblies die Staubwolken. Das Bild, das sich ihm bot, ließ ihn erzittern. Eine riesige Steinmauer versperrte nicht nur seinen Weg, sondern auch den Weg des Wassers im Inn. Dieser begann, sich umgehend mit gurgelnden Geräuschen an der durch diese Katastrophe geschaffenen, Dutzende Meter hohen Steinmauer aufzustauen. Von der Siedlung, der Herberge und der Brücke war nichts mehr zu sehen. Das gesamte Gebiet war von unfassbaren Steinmassen verschüttet worden. Und dort, wo noch vor wenige Minuten ein Berg stand, gähnte ein riesiges Loch in der verbliebenen Gebirgsflanke. Die zuvor bestaunten Wälder waren verschwunden. An deren Stelle gab es nur noch eine riesige Stein- und Geröllwüste zu sehen.

Ein katastrophaler Bergsturz am Pletzachkogel bei Kramsach und Brixlegg, der zwischen 120 und 240 n. Chr. stattfand, hatte für die damaligen „Ur-Tiroler“, die Räter, weitreichende Folgen. Das Ereignis war mit fast dreieinhalb Quadratkilometer Ausdehnung das flächenmäßig größte in einer Serie von Bergstürzen am Pletzachkogel. Das aufgetürmte Abbruchmaterial versperrte das Inntal und staute den Inn als natürlichen Damm auf. Der entstandene See erreichte eine Länge von vermutlich zehn Kilometern bis in das Gebiet von Rotholz und Jenbach und reichte auch mehr als drei Kilometer in das Zillertal, bis hin zum Schlitterer See. Laut einer wissenschaftlichen Arbeit des Tiroler Geologen Gernot Patzelt orientierte man sich im Mittelalter bei der Festlegung der kirchlichen Verwaltungsgrenzen der Diözesen Salzburg, Brixen und Freising an diesem riesigen, von der Natur geschaffenen geologischen Hindernis. Auch die ursprüngliche Ziehung der Landesgrenzen zwischen Tirol und Bayern gehen bis 1504 auf diesen, den Verkehr behindernden Grenzraum zurück.

XXV

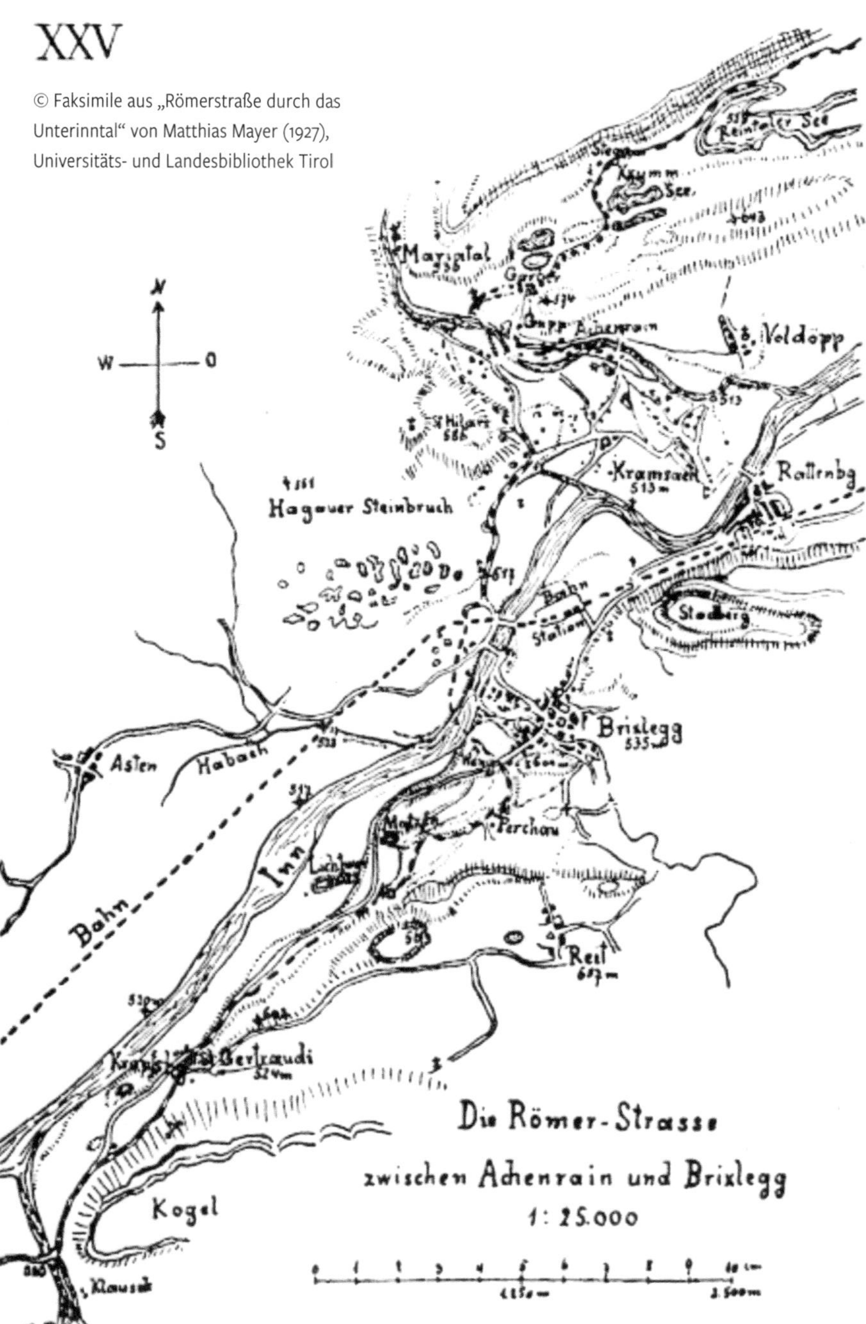
N
W
O
S
Mariatal
Voldöpp
Kramsach
513 m
Hagauer Steinbruch
Bahn
Station
Brixlegg
535 m
Asten
Habach
Inn
Bahn
Perchau
Reit
617 m
Gertraudi
524 m
Kogel
Die Römer-Strasse
zwischen Achenrain und Brixlegg
1: 25.000

Die Grenzfestung und damalige Grenzstadt Rattenberg ist ein Zeitzeuge aus diesen Tagen. Möglicherweise ist auch schon in der späten römischen Kaiserzeit die Grenzziehung zwischen den Provinzen Rätien und Noricum wegen des Hindernisses durch den Bergsturz genau hier vorgenommen worden.

In den Jahrhunderten vom Mittelalter bis heute wurde viel von den Schuttbergen im Inntaler Talboden abgetragen. Einerseits vom Inn, andererseits als Baumaterial vom Menschen. Beispiele dafür sind die Kirchen von Rattenberg und St. Leonhard bei Kundl oder die Burg Lichtwert (deren Burgkapelle ist die östlichste Kirche der Diözese Innsbruck), die mit Bergsturzmaterial errichtet wurden. Auch der „rote Marmor" am Innsbrucker Goldenen Dachl oder Säulen der Pfarrkirche Schwaz gehen darauf zurück. Das Baumaterial wurde sogar weit über Tirols Grenzen exportiert. Das als Hagauer Stein bezeichnete Baumaterial fand Verwendung bei Eisenbahnbrücken in Kirchbichl, Brixlegg und Innsbruck. An der Eisenbahnbrücke im Innsbrucker Stadtteil Mühlau direkt bei der Rauchmühle ist er noch heute erhalten. Nach dem Zweiten Weltkrieg fand Bergsturzmaterial vor allem im Straßenbau Verwendung. Im Hagauer Wald fand bis in die jüngste Zeit Schotterabbau im verbliebenen Bergsturzmaterial statt.

Das Abbruchgebiet der Bergstürze vom Pletzachkogel – es wurden insgesamt drei nachgewiesen – liegt an der Ost- und Südflanke des Berges im östlichen Rofangebirge. Es ist mit seinen scharfen Abrisskanten und 300 bis 500 Meter hohen Wandflanken noch heute gut zu sehen. Die Sturzhöhe betrug rund 1000 Meter. Im Ablagerungsgebiet bedeckt Bergsturzmaterial aller drei Ereignisse heute eine Fläche von insgesamt 6,2 Quadratkilometern. Die Kubatur aller drei Bergstürze wird von Gernot Patzelt auf rund 90 Millionen Kubikmeter geschätzt.

> EINE BERGSTURZ-KATASTROPHE IN DER RÖMERZEIT BESCHERTE DEM INNTAL EINEN RIESIGEN SEE.

Der erste Bergsturz am Pletzachkogel fand vor ungefähr 14.500 Jahren statt. Das heute noch teilweise vorhandene Gesteinsmaterial dieses Großereignisses verlegte den Eingang in das Brandenbergtal, da der Bergsturz die Talsohle dieses Seitentals des Inntals überquerte und bis auf den Gegenhang Gestein bis in etwa in das Gebiet des Reintaler Sees ablagerte. Es entstand also ebenfalls eine Art natürliche Staumauer, die für einen Stausee ins Brandenbergtal gesorgt haben muss. Ein Vorgeschmack auf das, was viele Jahrtausende später in wesentlich größerem Ausmaß im Inntal erfolgen sollte. Im Talbereich hat sich die Brandenberger Ache schon lange wieder durch das Bergsturzmaterial gefressen. Eine Reihe von großen Steinblöcken zeugen aber heute noch von diesem Ereignis und beweisen sozusagen die einstige vollkommene Verschüttung der Talmündung.

Etwa 2000 bis 1500 v. Chr. ereignete sich eine Serie von Bergstürzen, die allesamt ins Inntal abbrachen und zusammengefasst als zweiter Bergsturz vom Pletzachkogel bekannt sind. Einer davon querte bereits teilweise das Inntal. Gernot Patzelt von der Universität Innsbruck macht in diesem Zusammenhang darauf aufmerksam, dass sich in dieser Zeit, vor allem um 1700 v. Chr., Naturereignisse dieser Art vom Mittelmeer bis in die Alpen auffallend häuften. Etwa der Vulkanausbruch von Santorin in Griechenland, der das Ende der berühmten minoischen Kultur auf Kreta bedeutete. Oder der Tschirgant-Bergsturz im Tiroler Oberland. Bei diesem Ereignis zerstörten die herabstürzenden Felsmassen sogar eine menschliche Siedlung bei Ambach im vorderen Ötztal. Auch die Bergstürze am Tiroler Fernpass, am Hintersee bei Berchtesgaden und am Eibsee zwischen Ehrwald und Garmisch-Partenkirchen ereigneten sich in diesem

Zeitfenster. Als gemeinsame Ursache dieser Ereignisse vermutet der Forscher weitläufige tektonische Aktivitäten der Erdkruste in dieser Zeit.

Der größte Bergsturz vom Pletzachkogel war jedoch der dritte. Es ist jener Bergsturz, von dem hier die Rede ist. Er querte nicht nur das Inntal, sondern verschüttete den Talboden auf einer Fläche von 3,3 Quadratkilometern. Der Inn wurde durch die abgebrochenen rund 50 Millionen Kubikmeter Gesteinsmaterial aufgestaut, wobei sich das Bergsturzmaterial mit dem Schwemmkegel des Alpbaches aus dem Alpbachtal am rechten Innufer verband. Datierungen ergeben für diese Katastrophe ein Datum im zweiten Jahrhundert oder im ersten Drittel des dritten Jahrhunderts nach Christus. Also jene Zeit, als das Gebiet des heutigen Tirol bereits seit mehr als 100 Jahren eine römische Provinz namens Rätien war. Benannt nach den „Ur-Tirolern", den Rätern.

Der Pletzachkogel hat sich bis heute noch nicht beruhigt. Zuletzt gab es zwar glücklicherweise keine Bergstürze mehr, jedoch kommen massive Felsstürze, damit wird die Miniversion eines Bergsturzes bezeichnet, regelmäßig vor. Etwa am 25. Mai 2015. Oder am 6. Jänner 2007. Ein neuerlicher, allerdings sehr unwahrscheinlicher Bergsturz würde das gesamte Siedlungsgebiet von Kramsach bis Brixlegg bedrohen. In diesem Bereich leben heute rund 10.000 Menschen. Aber warum fanden bzw. finden gerade am Pletzachkogel diese Berg- und Felsstürze statt? Um dies zu verstehen, muss man zurück in die Eiszeit gehen. Exakt in diesem Gebiet kam es damals zu einem Zusammentreffen des Zillertalgletschers und des Inntalgletschers. Die Eismassen aus dem Zillertal drückten den Inntalgletscher mit großer Kraft in den Gegenhang. Und genau dort befindet sich der Pletzachkogel. Dieser massive und stetige Druck dürfte das Gestein des Berges labil gemacht haben. Der nach dem Rückzug der Gletscher aus

Die genaue Größe des Sees im Inn- und Zillertal (blaue Markierung), ausgelöst durch einen katastrophalen Bergsturz vom Pletzachkogel (braune Markierung), ist nur ungefähr bekannt.

dem Inn- und dem Zillertal und dem somit fehlenden Halt der Hunderte von Metern hohen Eismassen dann katastrophal zu bröckeln begann.

Dass das Inntal auf den Gemeindegebieten von Kramsach und Brixlegg eine Engstelle aufweist, ist heute noch klar ersichtlich. Auf der Nordseite des Inn zieht sich immer noch ein großer Schuttkegel Richtung Fluss. Gut zu sehen beispielsweise bei

Google Earth oder der Satellitenbildansicht von Google Maps. Das Gebiet namens Hagau, nach dem der oben genannte Stein benannt ist, ist teilweise bis zur Bahnlinie, die in der Nähe des Inn entlangführt, bewaldet. Darunter liegen die Reste der einst so massiven natürlichen Staumauer, die nicht vom Menschen oder dem Inn in den letzten Jahrhunderten abgebaut worden waren. Ein Großteil des Gebiets, auf dem heute die Gemeinden Kramsach und Brixlegg liegen, waren nach dem massiven Bergsturz unter bis zu 100 Meter hoch aufgetürmten Gesteinsmassen begraben. Diese Mauer reichte bis auf die andere Talseite. Westlich begrenzt der Matzenpark dieses Areal. Auch unter den Häusern der Gemeinden Brixlegg und Kramsach befindet sich noch Bergsturzmaterial im Untergrund.

EINE MASSIVE STAUMAUER AUS BERGSTURZMATERIAL ZOG SICH QUER DURCH DAS INNTAL.

Doch zurück zum See. Man weiß sehr wenig darüber, was dieser See für die damaligen Bewohner des Inntals, die Räter, bedeutet hat. Und wie lange es ihn gab. Das sich immer höher aufstauende Wasser des Inn hat die mächtige Gesteinsmauer des Bergsturzes nach einiger Zeit geknackt. Dann hat sich das abfließende Wasser eine Art Schlucht gegraben und der See verschwand nach Jahren wieder. Der See dürfte in jedem Fall um einiges größer als der nahe gelegene Achensee gewesen sein. Die Talsohle des Inntals ist auf dem Gebiet der Gemeinden Kramsach und Brixlegg im Bereich des Inn heute rund 28 Meter höher, als sie es ursprünglich war. Das weiß man deshalb, weil beim Tunnelvortrieb für die neue Eisenbahntrasse der ÖBB in ca. 502 Meter Meereshöhe in im Untergrund vergrabenen historischen Sedimenten des Inn ein Oberarmknochen eines Rentieres gefunden worden war. Inn-Sedimente aus der Zeit nach dem Bergsturz sind wiederum auf einer Höhe von 522 Metern zu finden. Daraus ergibt sich, dass der aufgestaute See vermutlich eine Tiefe von rund 20 Metern hatte. Das gesamte Inntal von Brixlegg bis in den Bereich der Einmündung des Zillertals und weiter Richtung Jenbach, das unter 522 Meter Meereshöhe liegt, war also vom Wasser dieses Sees bedeckt. Deshalb weiß man auch, dass dieses riesige stehende Gewässer, das der Bergsturz durch seine Stauwirkung des Inn erzeugte, bis zum Schlitterer See, der ebenfalls auf 522 Meter liegt, mehr als drei Kilometer hinein in das Zillertal reichte.

Doch was bedeuteten der Bergsturz und die folgende Entstehung des Sees für die Einwohner des Gebietes rund um die Einmündung des Zillertals in das Inntal? Die Bewohner der Gegend gehörten ursprünglich dem rätischen Stamm der Genauen an, die das Unterinntal besiedelt hatten. Nach der Eroberung des Gebiets durch die Römer in den Augusteischen Alpenfeldzügen von 25 bis 14 v. Chr., mehr als 100 Jahre vor dem Bergsturz, passten sie sich an, wurden romanisiert. Ein wesentliches Stück Infrastruktur dieser Menschen – und auch der Römer selbst – war die Römerstraße durch das Unterinntal. Ein Seitenast der berühmten Via Raetia, die von Italien über Südtirol, den Brenner, Innsbruck und Seefeld bis nach Bayern führte. Der Unterinntaler Seitenast verband wiederum Veldidena im heutigen Innsbruck, damals ein wichtiger Militärstützpunkt der Römer, mit dem bayerischen Raum hinter Kufstein. Im Bereich des Bergsturzes führte diese Straße aus dem Innsbrucker Raum kommend über St. Margarethen bei Buch nach Matzen am Eingang des Zillertals. In Matzen hat sich unter dem Namen Masciano eine römische Straßenstation befunden. Eine sogenannte Mansio, eine Herberge für Reisende. Derartige römische Raststätten bestanden aus einem Komplex mehrerer Gebäude mit Wachposten, besetzt mit römischen Soldaten, Rasthäusern, Bädern, Pferdeställen und Spanndiensten für den römischen Postkutschenverkehr. In einer Station durchschnittlicher Größe arbeiteten knapp 20 Personen. Etwa 40 Zug- und Reittiere standen für die Reisenden bereit.

Diese konnten unter strikten Auflagen zur Weiterreise bis zum nächsten Rasthaus genutzt werden. Was Masciano, also Matzen betrifft, wären dies Albiancon (Ebbs) bzw. in die Gegenrichtung innaufwärts Veldidena (Innsbruck) gewesen.

Meist bildeten sich aber auch noch Siedlungen im Nahbereich von Mansios. So auch hier. In der Nähe von Matzen befand sich in der Gegend des heutigen Brixlegger Sportplatzes eine Brücke, auf der die Römerstraße den Inn überquerte. Dort hatten die Einheimischen die an das Mansio angeschlossene Siedlung gebaut. Danach führte die Römerstraße durch die Hagau Richtung Mariathal und überquerte im Umfeld der heutigen HTL Kramsach über eine weitere Brücke die Brandenberger Ache. Über die nordseitigen Mittelgebirge des Inntals ging es am Reintaler See vorbei über Oberbreitenbach und Unterangerberg nach Albiancon, das heutige Ebbs. Dort befand sich die nächste römische Straßenstation. Ausgerechnet im Bereich des Bergsturzes wurden von den Römern also zwei wichtige Infrastruktureinrichtungen errichtet. Zwei Brücken. Die einzigen derartigen Bauwerke im mittleren Inntal in dieser Zeit. Dazu eine Straßenstation und die angeschlossene Siedlung. Es ist davon auszugehen, dass all dies dem Bergsturz zum Opfer fiel. Es gibt dazu keine Überlieferungen, aber es muss auch zahlreiche Todesopfer gegeben haben. Erschlagen und begraben von der riesigen Gesteinslawine. Außerdem wurde für den Nah- und Fernhandel die Römerstraße unterbrochen. Spätestens nachdem sich der See aufstaute, sogar für längere Zeit.

Ein gutes Beispiel dafür, um zu verstehen, was sich damals im Inntal abspielte, ist der Bergsturz im Hunzatal im Karakorum-Gebirge in Pakistan vor wenigen Jahren. Dieser staute den Fluss Hunza Anfang 2010 auf eine Länge von rund 21 Kilometern in seiner maximalen Ausbreitung zu einem über 100 Meter tiefen See auf. Der durch den Bergsturz entstandene See bekam auch einen Namen – der Attabad-See. Diesen gibt es noch heute. Aufgrund seiner einzigartigen blauen Farbe und der spektakulären Bergkulisse des Karakorums wurde er schnell zu einer Touristenattraktion.

9

Die bebende Erde

Ein Mega-Erdbeben in Tirol ist überfällig

Die junge Frau begleitet ihren Mann zu seiner vollgepackten Pferdekutsche. Sie wollte ihn auf seine lange Reise Richtung Norden verabschieden. Ihr Mann, ein bekannter Bozner Händler, machte sich einmal im Jahr auf die Reise nach Innsbruck und Hall in Tirol. Dort verkaufte er seine Waren aus Südtirol und kaufte sogleich Güter aus dem Inntal, hauptsächlich Salz aus den Salinen in Hall in Tirol für den Wiederverkauf in Bozen. Es war eine beschwerliche Reise, die er immer im Juli bei schönem Wetter unternahm. Die lange Fahrt nach Innsbruck, mehr als 120 Kilometer, dauerte drei Tage, mit je einer Übernachtung in Brixen und in Matrei im nördlichen Wipptal. Denn bei den im Jahr 1670 vorherrschenden Straßenverhältnissen schaffte man mit einer voll beladenen Kutsche maximal vier bis fünf Kilometer in der Stunde. Am 14. Juli dieses Jahres winkte die junge Frau ihrem Mann hinterher, als er in Richtung Norden loszog. Ihr Mann hatte geplant, am 17. Juli in Hall in Tirol das wertvolle Salz zu laden, um dann am 20. Juli zurück nach Bozen zu kehren. Eine Woche harte Arbeit, doch die zu erwartenden Erlöse waren ein wichtiger Beitrag zum Erfolg seines noch kleinen, aber schon jetzt erfolgreichen Handelsunternehmens im Zentrum von Bozen. Während seiner Abwesenheit kümmerte sich

Abgeschrägte Erdbebenstützmauern sind an sehr vielen historischen Tiroler Bauten wie hier in Hall in Tirol zu finden.

seine Frau um das Geschäft. Drei Tage nach der Abreise ihres Mannes wurde die Frau um 2:15 Uhr in der Nacht gewaltsam aus dem Schlaf gerissen. Die Erde bebte. Die Schränke knarrten, die Gläser klirrten. Sie erschrak sich wie viele Bozner, doch das Zittern der Erde ebbte nach einer Minute wieder ab. Zum Glück gab es keine Schäden am Handelshaus. Doch schnell wich die Erleichterung der jungen Frau der Sorge um ihren Mann. Erst in drei Tagen, bei seiner geplanten Rückkehr würde sie wissen, wie es ihm bei diesem Beben ergangen war.

Ihr Mann hatte am Abend des 16. Juli eine Herberge in Hall in Tirol bezogen. Die Reise nach Innsbruck hatte bestens funktioniert. Er war seinem Zeitplan sogar voraus. Am nächsten Tag sollte in der Haller Saline das bestellte Salz geladen werden und er freute sich bereits auf die Rückkehr nach Bozen. Doch dann kam alles anders. Um 2:15 Uhr in der Nacht wurde auch er von der bebenden Erde geweckt. Allerdings sehr unsanft. Die mächtigen Stöße aus den Tiefen des Inntals ließen die Haller Häuser nicht nur erbeben, sondern schnell mischte sich unter das Grollen auch der Lärm von einstürzenden Mauern und hundertfachem Geschrei der Menschen, die sich aus den zusammenfallenden Häusern zu retten versuchten. Auch die Herberge des Südtiroler Händlers kippte in sich zusammen. Der Händler stürzte auf die Straße und musste mitansehen, wie zahlreiche Gebäude schwer beschädigt wurden. Er sah, wie der nahe Turm der Stadtpfarrkirche St. Nikolaus einstürzte. Dabei wurden, wie sich später herausstellte, der Turmwächter getötet und ein Mann, der sich ins Freie gerettet hatte, erschlagen. Auch in den angrenzenden Gemeinden Thaur und Mils wurden Menschen erschlagen. Insgesamt kamen zwölf Menschen ums Leben. Die zu diesem Zeitpunkt nicht mehr genutzte und bereits baufällige Thaurer Burg wurde endgültig zur Ruine. Der Südtiroler Händler kam mit dem Schrecken davon und konnte die Rückreise unbeschadet antreten. Er wollte so schnell als möglich nach Hause. Auf dem

Traurige Relation, wie es mit dem erbärmlichen/ weit vnd breit Anno 1670. den 17. Iulij verspürten Erdbidem/ absonderlich in der Grafschafft Tyroll abgelauffen/ der fromme Leser soll die Statt Hall für ein Beyspiel ansehen.

DEn Sibenzehenden Hewmonat Morgens zwischen zwey vnd drey Vhren/ hatt dem gerechten GOtt gefallen/ seinen schwären/ wiewol noch Vätterlichen Zorn an seinen Kindern außzuelassen/ Dannenhero mit seiner allmögenden Hand den Erdboden häfftig erschüttert/ vnd vor Ihme zitterend gemacht. Es ist kaum mit Federn zuebeschreiben die Forcht/ welche den vast gantzen Teutschen Boden/ in einer Stund nächtlicher Weil ergriffen; Die Gefahr/ in welcher vil Stätt/ Schlösser/ Dorffschafften vnd Häuser gestanden; Der Schaden/ inn welchen vil Orth/ absonderlich aber/ in der Gebürgigen Grafschafft Tyrol/ vnd in derselbigen die berühmte Stätt/ Inspругg vnd Hall/ gerathen seyn. Vrplötzlich nun/ hat vnder dem Gebürg ein haimliches murren vnd abscheuliches Donnern sich erhebt/ warauff die Erden bald in alle Höhe/ bald von einer Seyten auff die andere sich dermassen entsetzlich/ drey in vier Vatter vnser lang geschutzt/ daß sich vor allem/ das Glockengeleit in den Thürn häfftig bewegt/ vnd hell geleittet. Ach! Als hätten die liebe Schutz-Engel/ den Schlaffenden einen Sturm geschlagen/ vnd zueylender Flucht treühertziglich ermahnet!

Also balden darauff waren die Camin von der höhe geworffen/ die Dächer abgedeckt/ der Anwurff an dem Gemäur abgeschittelet/ die Häuser zerspalten/ alles mit einem wilden Gestöß/ vnd abscheulichen krachen. Mitten ist Jedermänniglich ausser den Behaussungen sich zuebegeben/ vñ auff offnen Feld oder Gärten sich auffzuehalten gezwungen worden. Was klägliches Wesen bey Mitternacht/ in dicker Finsternuß es gewesen seye/ vberlasset man dem Christlichen mitleidigen Leser zuvrtheylen. Mit vnbeschreiblichen Heülen vnnd Wainen verliesse Jederman das Seinig: Absonderlich erseufftzeten laut die Krancke/ die Schwangere/ die Seugende; Es wainten bitterlich die kleine Kinder; Es schreyen vnd betteten hellaut die Gaistlichen; Es schlugen die Händ ob dem Kopff zusamen Jung vnd Alte: Deß armen erschrockenen Vich schreyen/ blären/ bellen/ vervrsachte den Grausen vnaußsprechlich entsetzlicher.

Man ist aber auch ausser den Stätten nit allerdings sicher gewesen; Massen vor allzue gewalthätiger Erschütterung der Erden/ man nit allerdings auff den Füssen stehn könden/ sonder auff die Erden nider legen müssen. In Inspругg hat der Jammer auch den Durchleuchtigsten Fürsten Persohnen nit geschonet: Welche dann erstlich in Ihrem Hoffgarten sich in höchstem Schröcken eylends begeben; Hernach aber noch weiter/ von der Statt hinwegk gerucket/ allwo sie noch heutigen Tag zwischen den Baracken vnd Gezellten wohnen. Etwelche grosse Herren schlaffen nächtlicher Weil/ so guts sie mögen/ in Ihren Gutschen/ andere verschliessen sich in die leere Fässer/ andere vergraben sich vnder das Gestreiß vnd Bäum: Niemand ohne äussersten Kummer vnd Forcht/ welche allen appetit zum Essen vnd Trincken benemmen/ den Schlaff aber schier völliglich nit ohne Gefahr/ bevorstehender Leibs Kranckheiten entziehen.

Vnd ob zwar in Inspругg (GOtt hab ewiges Lob/) bey solchem Tumult kein Persohn erschlagen/ oder sonst vmb das Leben kommen/ so seyn doch bey die 20. Persohnen auff der Bruggen halb vertruckt worden/ vnd hat bey einbrächendem lieben Tagschein/ das traurige spectacl erst manchem vil hertzbrechende Säufftzer/ vnd helle Zäher außgestossen/ in dem in der gantzen Statt nit ainiges Hauß/ Kirchen/ oder wasserley Gebäu vnverletzt/ sonder alle mehr oder weniger Schadhafft/ zue besorglicher Ruin, vnd gäntzlichem Fall. Es will auch verschidner vngleiche discurs bey etwelchen kleinmütige Gedancken vervrsachen/ daß die Bildnuß deß H. Apostels Jacobi/ Patronen der Statt Inspругg/ von der Kirchen Höhe herunder gestürtzet/ wie auch das grosse eysene vnd verguldе Creutz/ auff der Patrum Societatis IESV- Kirchenkupl entzwey gerissen worden. Den 27. Julii. Sontags vmb 8. Vhr/ Ist ein Bauren Mägdlein von 14. Jahren zu Läng/ da sambt dem Priester/ Mäniglich auß der Kirchen gelauffen/ erschrocken auff einem Stain sitzen gebliben/ denen ein Geist ohnen Kopff/ Händ vnd Füß solle erschienen seyn/ vnd bedeutet haben: Bißhero habe GOtt Inspругg die Ruthen gezaigt/ diese Wochen seye noch zeit Buesse zuethun/ wo nit/ etc. GOtt wende alles Böses in Gnaden.

Vil vngütiger hat diser grausame Sturm in der Statt Hall gehauset; Vnd ist erbärmlich anzuesehen/ Erstlich in dem Eingang der Statt; Wie vil vor den Statt-Thoren/ arme/ Elende/ Betrangte/ auff offentlichen Strassen vnd Gassen jammern vnd klagen. Dann aber in der Statt selbsten/ wie so wol die Statt-Mauren/ als gantze Häuser in dem Statt-Graben sich versenckt; Wie hin vnd wider in den Gassen die Gebäu jämmerlich zerfallen: Namhafft/ das Königliche Stifft/ Kirchen/ Colegien, Schuelen/ Convict, Saltzpfannen/ Müntz/ etc. dermassen ruiniert, daß es einen Stain erbarmen muß. Nit weniger/ ja mehr dañ Inspругg/ ist kein Gebäu zue finden/ so nit zu bewohnen Vntüchtig/ vnd also nothwendig mueß abgetragen werden. Gleich bey dem ersten Gewalt/ hat sich der Kirchen-Thurn allgemach biß auff den Glocken-Stuel gesenckt/ vnd auff den Statt-Platz herunder gefallen/ welcher auch einen armen Nacht-Wächter erschlagen vñ ersteckt/ doch nit plötzlich/ als welcher den andern Tag noch lebendig gefunden worden/ vnd mit Jedermänniglichen hertzlichen Mitleyden/ einen Armb vnder dem verfallnen Gemäur herfür gestreckt/ Aber jhme nit geholffen/ noch die heylige Sacramenta mitgetheilt mögen werden/ als deme man in die Nahe nit beykommen können. Neben disem vnglückseeligen Wächter seyn noch 6. andere Persohnen gleich Anfangs erschlagen worden; Vnd ist nach etlich Tagen abermahl eine Persohn von einem damahlig einfallendem Hauß zertruckt worden. Andere vil halb vertruckte zueschweigen/ denen der Tode erwünschter als das ellendige Leben.

In der gantzen Statt Hall/ wohnen schon vil Tag nit mehr Leuth/ als der Herr Pfarrer/ die Herren Burgermaister/ vnd zwölff hierzu erwöhlte/ bestellte Männer/ den Platz zuehüten. So werden auch alle Gottsdienst biß hieher auß beysorg ainigen Falls oder Eingang der gespaltenen Gotts-Häuser/ so wol in Inspругg/ als Hall auff dem freyen Feld gehalten. Es haben Ihro Durchleuchtigkeit die verwittibte Ertz Hertzogin/ verschidne Botten in die Landtschafft außgeschickt/ vmb zuverstehen/ wie es sonsten in der Nachbarschafft bewandet; Welche guten Thails widerumb zu rugk kommen/ vnd laider hin vnd wider grossen Jamer befunden; Weilen vmb die Statt Hall dise tobende Erdbidem vast alle Adeliche Sitz vnnd Schlösser Totaliter ruinieret, vnd nider geworffen.

Summa/ das Elend ist vnbeschreiblich: Vnd wehret noch heut zue Tag/ dise den 17. Iulij sich anfangende Erdensbewögung/ wie wol nit so häfftig als Anfangs schon bey die 200. klein vnd grosse Erdbidem seyn vor erwehnter Zeit gezehlet wordē. Warumben in bemeltem Tyrol/ man nit vnderlaßt dem Göttlichē gefassten Vnwillen/ mit ernsthaffter Bueß/ inbrünstigen Zähren/ allgemeinem Gebett/ grossen Wercken der Barmhertzigkeit/ angestellten Processionen, strengem Fasten wo möglich zue stillen/ vñ dem zornigen Vatter in die Ruthen zuefallen. Mit welchem alle eyferigen Catholische Christen bey diser hailwürdigen Ablaß Zeit/ jhre inbrünnstige Begirden/ Gebett vnd gute Werck zu vereinigen/ veranlasset vnd erinnert werden. Der gnädige GOtt verschone seinem Volck!

Jüngst auß Hall den 5. Augusti.

Die leidige Erdbidem continuieren noch allewеilen/ doch nit so fast wie vor/ seynd auch wenig Leut noch in der Statt/ wohnen noch allewеilen in den Städel vnd Gärten/ es wird in der Statt gute Wachen/ mit 2. Herrn deß Raths vnd 6. Muscatierer/ gehalten/ welche durch die gantze Statt/ alle Gassen im besten bewahren thun/ bey Tag vnd Nacht/ es ist zu erbarmen/ wie zu sehen ist/ das die Häusser aussenher schön anzusehen seynd/ iñwendig alles eingefallen. Man hat schon biß in die 1200. Floßbäum in die Statt hinein/ die Häusser zubespreissen/ wann man eines spreissen thut/ fällt ein anders mit grossem Schröcken ein. GOtt helffe vns auß allem Jammer vnd Ellend.

O GOtt der du die Erden bewegt vnd zerrissen hast/ haile ihre Brüch die also zerrissen ist: Dann du liessest dein Volck ein hartes sehen/ du trenckest vns mit Wein der Betrübnuß/ du hast ein Zaichen geben/ denen die dich förchten/ das sie fliehen vor dem Bogen. Psalm 59.

Zu Augspurg/ bey Elias Wellhöffer Brieffmaler/ bey vnser L. F. Thor.

Ein unbekannter Künstler versuchte sich an der bildlichen Darstellung der Erdbebenkatastrophe von 1670 in Hall in Tirol und dem östlich angrenzenden Mils.

Rückweg über Innsbruck sah er auch dort schwer beschädigte und teilweise eingestürzte Gebäude. Vor allem die großen Innsbrucker Kirchen waren stark in Mitleidenschaft gezogen. Die Stadtpfarrkirche, der Turm der Hofkirche und die Kuppel der Jesuitenkirche sahen aus, als ob sie von einer riesigen Faust getroffen worden waren. Die Siebenkapellenkirche wurde so stark beschädigt, dass sie abgebrochen werden musste. Damit nicht genug: An unterschiedlichen Orten im Bereich zwischen Innsbruck und Schwaz kam es zu massiven Felsstürzen und Erdrutschen. Im Zillertal wurden bei einem solchen Felssturzereignis sogar 30 Kühe erschlagen. Die Erdbebenkatastrophe hatte sich ausgerechnet am 17. Juli zugetragen, am Gedenktag des heiligen Alexius, Patron gegen Erdbeben, Unwetter und Seuchen. In Innsbruck wurde der heilige Alexius flugs als zweiter Stadtpatron neben dem heiligen Jakobus ernannt. Ein Seitenaltar der Siebenkapellenkirche war schon vor der Erdbebenkatastrophe dem heiligen Alexius gewidmet. Und ausgerechnet diese Kapelle war am schwersten von allen Kirchen beschädigt. Noch heute ist Innsbruck, neben Kalavryta in Griechenland und Sant'Alessio in Italien, einer von nur drei Orten, in denen der heilige Alexius Stadtpatron ist.

Dass es auch in Tirol immer wieder zu leichteren Erdbeben kommt, haben die meisten bereits am eigenen Leibe erfahren. Davon zeugen viele Beben mit niederen Intensitätsstufen, die immer wieder stattfinden. Ein Erdbeben der Stufe 3, laut der europäischen Makroseismischen Skala (EMS-98), ist leicht spürbar. Eines der Stufe 4 stark. In Nordtirol und im Süden Osttirols sind aber auch starke Erdbeben möglich. Ab Stufe 6 ist mit Gebäudeschäden zu rechnen. Bei Stufe 8 auf der zwölfteiligen Skala sogar mit sehr schweren. So wie in der zuvor geschilderten Geschichte aus dem Jahr 1670. Zum Vergleich: Das schwere Erdbeben in der Türkei 2023 würde der Stufe 10 laut EMS-98 entsprechen. Das letzte große in Tirol spürbare Erdbeben, das

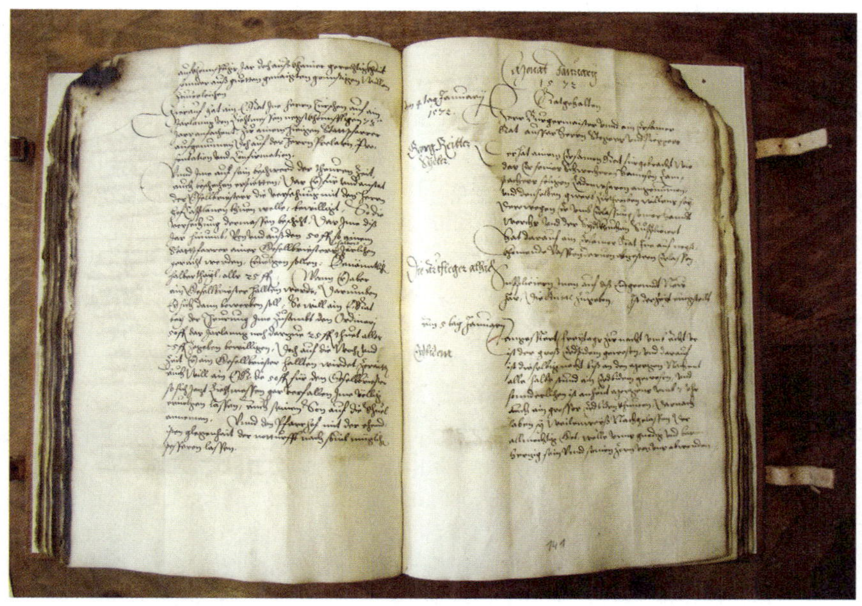

Die alten Chroniken in Tirol sind voll mit Berichten zu den einstigen Erdbebenkatastrophen im Land.

lebende Generationen noch erlebt haben, war jenes von 1930 in Namlos (Stufe 7-8), nicht ganz so heftig wie 1670. Fast allen über 50-Jährigen ist auch noch das katastrophale Erdbeben mit 989 Toten am 6. Mai 1976 bei Udine in der Region Friaul–Julisch-Venetien in Oberitalien (Intensität 10) in Erinnerung, das auch in ganz Ost-, Süd- und Nordtirol als heftiger Erdstoß zu verspüren war. Bebt die Erde in Nordtirol mit der Intensität 8, sind derartige Ereignisse auch in Südtirol zu spüren. In den nördlichen Regionen Südtirols sogar stark. Doch wie äußert sich ein Beben der Stärke 8 nach EMS-98? Forscher beschreiben es folgendermaßen: Viele Menschen verlieren aufgrund der Erschütterungen das Gleichgewicht und stürzen. An vielen Gebäuden treten teils ausgeprägte Risse in den Mauern auf. Einige nach den neuesten Normen gebaute Häuser weisen schwere Mauerschäden auf, während alte Gebäude alter Bauart auch einstürzen können.

Nach derzeitigem Stand der Forschung ereigneten sich die stärksten Tiroler Erdbeben (alle mit dem gerade beschriebenen Stärkegrad 8) am 4. Jänner 1572 in Innsbruck, am 17. Juli 1670 in Hall in Tirol und am 22. Dezember 1689 in Innsbruck. Nur unwesentlich schwächer waren die Beben am 28. November 1886 in Nassereith und am 8. Oktober 1930 in Namlos (Stufe 7-8). Laut den wissenschaftlichen Berechnungen ist ein vergleichbares Ereignis in naher Zukunft wieder fällig. Denn im statistischen Mittel ereignet sich in Österreich alle drei Jahre ein Erdbeben mit einer Intensität von 6, alle 15 Jahre von 7 und alle 75 Jahre ein Erdbeben der Intensität 8. Das letzte dieser Kategorie in Österreich legte am 8. Oktober 1927 Schwadorf in Niederösterreich in Schutt und Asche. Rund ein Drittel der österreichischen Starkbeben finden in Tirol statt (neben Niederösterreich und Steiermark/Kärnten). Man kann sich also ausrechnen, dass eine Katastrophe in Tirol in absehbarer Zukunft wieder fällig, eigentlich überfällig ist. Tirol ist für das nächste große Beben allerdings gut gerüstet. Seine ausgiebige Erdbebengeschichte und die in jüngerer Zeit intensiven Forschungen darüber schlugen sich beispielsweise markant in der Innsbrucker Bauordnung nieder. Die Häuser müssen seit den 1990er-Jahren erdbebensicher gebaut werden. Die Tiroler Landeshauptstadt wird in der europäischen Baunorm im sogenannten Eurocode 8 mit Stufe 4 klassifiziert. Das ist österreichweit die höchste Stufe, Salzburg unterliegt beispielsweise nur der Stufe 1. Außerdem existieren Notfallpläne aller Blaulichtorganisationen für eine derartige Katastrophe.

Eine interessante Quelle zu den historischen Erdbeben in Tirol aus dem Jahr 1902 ist „Die Erdbeben von Tirol und Vorarlberg" von Josef Schorn. Der gebürtige Bozner studierte in Innsbruck

Naturwissenschaften, war für das Landesmuseum Ferdinandeum tätig und wurde 1896 von der Erdbebenkommission der Kaiserlichen Akademie der Wissenschaften in Wien eingesetzt, diese auch heute noch umfassendste Publikation zur Erdbebengeschichte zu erstellen. Für seine wissenschaftliche Arbeit stellte der Forscher auch eine Chronik aus alten Überlieferungen zusammen, die im Jahr 369 mit einer Serie von Erdbeben in Trient beginnt. Es war das Jahr, als der römische Feldherr Flavius Theodosius von der Provinz Raetia aus, also dem späteren Tirol, erfolgreich gegen die Alemannen in Süddeutschland vorging. Zentrales Aufmarschgebiet war dabei das Inntal mit den beiden römischen Kastellen Veldidena im heutigen Innsbruck und Teriolis bei Zirl. Dass Josef Schorns frühe Chronikeinträge allesamt den Trentiner Raum betreffen, so wie das beschriebene Beben 369, hat damit zu tun, dass er auf römische Quellen zurückgreifen konnte, die bereits so früh in der europäischen Geschichte derartige Ereignisse festhielten. Von den Rätern, die damals den Tiroler Raum bewohnten, sind keine solchen Überlieferungen bekannt. Die Ur-Tiroler, die den Raum nördlich und südlich des Brenners besiedelten, hatten zwar eine eigene Sprache, das Rätische, doch schriftliche Aufzeichnungen gab es nur in kleinem Umfang. Beispielsweise die berühmten prähistorischen Inschriften am Schneidjoch im Rofangebirge. Felsinschriften zu einem Quellheiligtum. Die rund 2000 Jahre alte Schrift wurde erst vor knapp 20 Jahren von Wissenschaftlern der Universität Wien entschlüsselt. Damit wurde eines der großen archäologischen Rätsel Tirols gelöst.

Laut einer Studie des Istituto di *Ricerca sul Rischio Sismico* der Universität Mailand ist Josef Schorns Werk die vollständigste historische Dokumentation der Erdbebentätigkeit in Tirol. In dieser Abhandlung werden 634 überlieferte seismische Aktivitäten aus den Jahren 369–1895 aufgelistet. Und zwar für den damaligen Bereich von Tirol (Tirol, Südtirol und das Trentino, also die heutige Euregio) plus Vorarlberg (damals aus Innsbruck verwaltet). Das am besten erforschte Jahrhundert in dieser Zusammenfassung ist das 19. Jahrhundert mit 493 gelisteten Erdbeben. Der herausragendste Einzel-Cluster ist laut Josef Schorn der Großraum Innsbruck mit 190 Vorkommnissen. Auf der Suche nach den stärksten bekannten Erdbeben in der Geschichte von Tirol ragen sieben Ereignisse heraus.

4. Jänner 1572 in Innsbruck (Intensität 8): Im Jänner 1572 gab es eine ganze Reihe von starken Erdbeben. Am 3., 4., 5., 7., 8., 13. und 14. Jänner mit dem Hauptbeben am 4. des Monats knapp vor 20 Uhr (mit einer Serie von Nachbeben über die gesamte Nacht). Insgesamt wurden in 40 Tagen 40 Erdstöße registriert. In den Innsbrucker Ratsprotokollen ist zu lesen, dass kaum ein Gebäude, inklusive der Stadtmauer, unbeschädigt blieb. Laut den Aufzeichnungen des Haller Chronisten Franz Schweyger war die Bevölkerung im Raum Innsbruck dermaßen verängstigt, dass am 11., 14. und 16. Jänner in Hall in Tirol Prozessionen vergleichbar einer Fronleichnamsprozession durchgeführt wurden. Bereits 1540, 1541, 1542 und 1543 sowie 1559 und 1566 war Innsbruck Schauplatz von Beben. 1541 war ein Teil des Turms des Stifts Wilten eingestürzt.

17. Juli 1670 in Hall in Tirol (Intensität 8): Über mehrere Wochen zog sich eine Serie von teilweise sehr starken Erdbeben, mit dem Hauptbeben am 17. Juli um 2 Uhr nachts. Viele Häuser und Kirchtürme wurden stark beschädigt oder stürzten ein. Wie beispielsweise der große Turm der Pfarrkirche. Chronisten schrieben von bis zu zwölf Toten. Seit damals wurden u.a. in Hall in Tirol und in Innsbruck lange Zeit immer am 17. Juli Prozessionen zu Ehren des heiligen Erdbebenpatrons Alexius durchgeführt. Viele Häuser mussten durch Baumstämme gestützt werden, um nicht nachträglich einzustürzen. Später verstärkte man die betroffenen Gebäude in Hall in Tirol und auch

in der Innsbrucker Altstadt durch Erdbebenmauern oder Erdbebenpfeiler. Das sind abgeschrägte Vorbauten aus Stein (Höttinger Breccie), die auch heute noch das Bild der zwei Altstadtbereiche prägen. Noch heute zeugt in Innsbruck am Goldenen Dachl eine 1671 angebrachte Inschrift über dem Torbogen von dem schweren Beben.

DIE ERDBEBEN SORGTEN FÜR EINGESTÜRZTE HÄUSER UND VON HERABFALLENDEN TRÜMMERN ERSCHLAGENE MENSCHEN.

22. Dezember 1689 in Innsbruck (Intensität 8): Laut dem Konventprotokoll des Innsbrucker Hofklosters trug sich das Erdbeben kurz nach zwei Uhr nachts zu. Es kam zu erheblichen Gebäudebeschädigungen und auch -zerstörungen. Im Kloster waren beispielsweise alle Mauern von tiefen Rissen durchzogen. Ein Stiegenhaus und Kamine stürzten ein. Auch die Kirche selbst wies starke Schäden auf. Im Gasthof zum Roten Adler waren drei Stockwerke eingestürzt und einige Personen erschlagen worden. In der Jesuitenkirche stürzte die große Kuppel ein. Viele Häuser mussten abgerissen und neu gebaut werden.

17. Juli 1820 in Schwaz (Intensität 7): Es gab zahlreiche Schäden an den Gebäuden im Ort. Außerdem wurden starke Felsstürze ausgelöst. Beispielsweise beim Kloster St. Georgenberg. Die Erde bebte etwa eine Minute mit heftigen Bewegungen in Nord-Süd-Richtung. Beinahe alle Häuser in Schwaz wurden in Mitleidenschaft gezogen. Gewölbe und Mauern stürzten ein und von den Zinnen der Pfarrkirche riss sich ein Quaderstein los und stürzte auf die Straße.

28. November 1886 in Nassereith (Intensität 7/8): Das Epizentrum dieses Starkbebens lag in der Gemeinde nördlich von Imst. In den „Innsbrucker Nachrichten" ist eine kuriose Szene

aus dem benachbarten Karrösten überliefert: Dort hielten einige Männer Totenwache, als die Erdstöße einsetzten. Auch die Leiche geriet dadurch in Bewegung. Dies veranlasste die Totenwache zu glauben, der Verstorbene würde mit viel Gepolter ins Leben zurückkehren. Unter großem Geschrei ergriffen die Männer die Flucht. Durch das Beben wurde beinahe jedes Haus in Nassereith beschädigt. Viele Kamine stürzten ein.

13. Juli 1910 in Nassereith (Intensität 7): Nur 24 Jahre nach dem Großereignis von 1886 an gleicher Stelle verursachte dieses Starkbeben viele Schäden an den Gebäuden in Nassereith, aber auch in Imst und den umliegenden Gemeinden. Außerdem wurde eine Reihe von Felsstürzen und Steinlawinen ausgelöst.

7. Oktober 1930 in Namlos (Intensität 7/8): Kurz vor Mitternacht um 0:27 Uhr sorgte ein starkes Erdbeben, das auch noch im über 110 Kilometer Luftlinie entfernten München und im 108 Kilometer Luftlinie entfernten Bozen spürbar war, für zahlreiche Gebäudeschäden. Das Besondere an diesem Erdbeben war, dass – anfangs tägliche – Nachbeben bis Mitte des nächsten Jahres folgten. Die Erdbebenforscher der in Österreich zuständigen Zentralanstalt für Meteorologie und Geodynamik (ZAMG) unter dem Dach der GeoSphere Austria beschäftigten sich ausgiebig mit diesem Ereignis. Dabei wird auch aus einem Polizeibericht aus dieser Zeit zitiert: „Das Gendarmeriepostenkommando von Stanzach im Bezirk Reutte – neun Kilometer nordwestlich von Namlos gelegen – schrieb am 28. Oktober, also fast drei Wochen nach dem Erdbeben, an die Bezirkshauptmannschaft: In der Fraktion Namlos, aber auch in dortiger Umgebung, dauern die Erdbeben noch immer an. Die Aussagen der dortigen Bewohner sind unterschiedlich. Die einen behaupten, täglich wären vier bis sechs Stöße erfolgt, andere wieder geben an, sechs bis acht Stöße wahrgenommen zu haben. Der dortige Geistliche, Expositus Oberhammer, ein wissenschaftlich höchststehender

Die wunderschöne Szenerie am Nassereither See mit Blick Richtung Dorfzentrum war Anfang des 20. Jahrhunderts nicht immer so idyllisch. Wie schon 1886 bebte auch 1910 die Erde in der Gurgltaler Gemeinde zerstörerisch.

Herr und verlässlicher Beobachter gibt an, dass in der Nacht vom 7. auf den 8. Oktober (Beginn des Erdbebens) zirka 20 Erdstöße erfolgten und seit dort täglich sechs bis zehn Stöße, bald stärker bald schwächer verspürt worden. Aus Nassereith wird berichtet, dass die Stromversorgung ausfiel und in der Dorfkirche armbreite Risse entstanden. Die Leute warf es von den Betten. In Pettnau, Telfs, Flaurling, Oberhofen, Pfaffenhofen und Wildermieming klirrten die Fenster, zum Teil stürzten Möbelstücke um und einige Häuser wiesen ein bis zwei Zentimeter starke Risse in den Mauern auf.“

Das stärkste Erdbeben in jüngerer Geschichte fand am 16. August 2021 in Wörgl statt. Es hatte jedoch glücklicherweise nur eine Intensität von 6. Daher gab es nur leichte Schäden an Gebäuden. In Erinnerung ist vielen auch noch das Erdbeben vom 8. August 2020 in Landeck und Umgebung. Es hatte die Stufe fünf. An einigen Gebäuden wurden danach Risse im Verputz registriert. Viele Menschen wurden am 22. Oktober 2019 in Kufstein aus dem Schlaf gerissen. Der Grund war ein Erdbeben der Stufe 5. Die Stufeneinordnung zeigt jedoch keinen linearen Anstieg an. Ein Schritt auf der Skala bedeutet, dass sich die freigesetzte Energie um das 37-Fache erhöht. Der Ausschlag der bei einem Erdbeben gemessenen seismischen Wellen erhöht sich pro Einheit um das Zehnfache. Ein Beben der Stärke 8 setzt rund 100-mal so viel Energie frei wie ein Beben der Stärke 6.

Der Grund für Erdbeben in Nordtirol ist die sogenannte Inntalstörung. Sie geht tektonisch auf die noch immer andauernde Kompression der Alpen durch die Verschiebung der Afrikanischen Platte gegen die Europäische Platte zurück und reicht von Innsbruck bis etwa Jenbach. In diesem Bereich werden am häufigsten Erdbeben wahrgenommen, da dort die Wipptalstörung auf die Inntalstörung trifft. Ein großer Teil aller österreichischen Starkbeben geht auf die Inntalstörung zurück und findet in diesem kleinen Bereich statt. Ein Starkbebenherd abseits der Inntalstörung ist in Tirol aufgrund einer Tiefenstörung im Bereich Lechtaler Alpen-Mieminger Plateau-Wettersteingebirge zu finden. Beben mit größeren Gebäudeschäden sind auch im südlichen Teil von Osttirol möglich. Dieses Gebiet hängt mit dem Erdbeben-Cluster Kärnten-Steiermark zusammen. Ein Schwarmbebenherd ergibt sich aus der Statistik für das Pillerseegebiet mit allerdings energieärmeren Erdbeben. Vor allem Ereignisse in den Jahren 1921 und 1922 zeugen davon. Aber auch jene von Anfang 2024.

Südtirol auf der Südseite des Alpenhauptkamms gilt nicht als ausgeprägte Risikozone. Starke Erdbeben wie in Nordtirol möglich sind deshalb in Südtirol unwahrscheinlich. Allerdings variiert das Risiko von Gemeinde zu Gemeinde. In stärker gefährdeten Ortschaften werden deshalb Vorsichtsmaßnahmen getroffen.

So werden wichtige Gebäude erdbebensicher gebaut und Notfallpläne ausgearbeitet. Südtirol verfügt wie Nordtirol über ein Erdbebenerhebungsnetz mit mehreren Messstationen. Die gesammelten Daten dieser Geräte werden an die österreichische Zentralanstalt für Meteorologie und Geodynamik (ZAMG) in Wien weitergeleitet. Dort werden die Daten aus dem Messnetz laufend analysiert, Erdbeben lokalisiert und deren Magnitude bestimmt. Eine Karte des italienischen Istituto Nazionale di Geofisica e Vulcanologia (INGV) zeigt für Südtirol die stärkste Erdbebentätigkeit im Westen des Landes. Rund um den Vinschgau bis hin zum Dreiländereck mit der Schweiz und Nordtirol. Die Intensität der Beben spielt sich jedoch hauptsächlich im Bereich unterhalb der Stufe 3 ab. 2023 kam es in diesem Bereich sowie entlang des Eisacktales zu Dutzenden dieser Erdbeben. Stärker spürbare Ereignisse in Südtirol gehen aber eigentlich immer auf Starkbeben in Oberitalien oder in Nordtirol zurück, deren Ausläufer dann auch in Südtirol spürbar sind.

Die Erdbebenforschung in Österreich wurde ab 1904 nach einem schweren Beben in Laibach, das damals ebenso wie Südtirol und das Trentino noch zur Habsburgermonarchie gehörte, intensiviert. Ein erstes Netz an Seismografen wurde zur Messung der Beben installiert. Zuerst in Wien und Graz, 1910 in Tschernowitz (heute in der Westukraine) und 1912 in Innsbruck. Der Betrieb der Station in Innsbruck musste laut Erdbebenforscher Wolfgang Lenhardt 1915 kriegsbedingt eingestellt werden. Er wurde erst im Jänner 1922 wieder aufgenommen. Geldmangel führte 1932 wieder zur Stilllegung der Station. Bis zu ihrer Zerstörung im Jahr 1944 war die Station aber teilweise wieder in Betrieb. Im Juli 1956 wurde dann eine neue Station in Innsbruck installiert. In den 1980er-Jahren investierte man dann in Tirol neuerlich kräftig. Seitdem ist das seismische Messnetz mit vier Stationen der GeoSphere Austria ausgerüstet. Alle befinden sich im Raum Innsbruck (St.Quirin, Moosalm, Walderalm und

Wattenberg). In Tirol überwachen mittlerweile 14 Erdbebenstationen des Erdbebendienstes der ZAMG und des Landes Tirol die Seismizität. Im 21. Jahrhundert wurden in Tirol bereits über 6000 Erdbeben von Messinstrumenten registriert. Durchschnittlich werden 14 Erdbeben pro Jahr in Tirol von der Bevölkerung verspürt. Etwa alle zehn Jahre kommt es zu Beben, die zu Gebäudeschäden führen. Mega-Erdbeben wie vor 350 Jahren haben wie beschrieben ein ungefähres Intervall von 75 Jahren.

Eine neueste Generation der Erdbebenstationen in Österreich ist laut Wolfgang Lenhardt mit Breitband-Systemen ausgerüstet, die mit noch höherer Genauigkeit Erdbeben aus dem Nah- und Fernbereich registrieren können. Die Tiroler Station am Wattenberg ist seit 2002 eine von diesen insgesamt sieben Stationen auf dem Bundesgebiet. Sie ist zudem die einzige Station in Österreich, in der alle drei derzeit üblichen Messgerätekategorien vertreten sind (Kurzperiodische Systeme, Breitband-Systeme und Strongmotion-Systeme). Diese Kombination ermöglicht erstmals einen Vergleich der Messwerte unter gleichen Umgebungsbedingungen. Die für die exaktere Erfassung von stärkeren Bodenbewegungen notwendigen Strongmotion-Stationen befinden sich in Tirol in St. Anton am Arlberg, im Gebäude der Berufsfeuerwehr in Innsbruck, im Bergbau in Schwaz und in der Station am Wattenberg. Das Land Tirol betreibt seit 2012 zusätzlich Messstellen in Fulpmes, Namlos und Zell am Ziller. Wie eingangs erwähnt, geht die Wissenschaft von einer Wiederholrate von Tiroler Mega-Beben in einem Zyklus von ungefähr 75 Jahren aus. Das letzte Starkbeben der höchsten in Tirol möglichen Kategorie (Intensität 8) fand am 28. November 1886 in

MIT EINER VIELZAHL AN MESSSTATIONEN WERDEN DIE TIROLER ERDBEBEN ERFORSCHT.

Nassereith statt. Ein derartiges geologisches Großereignis sollte sich daher spätestens 2056 wiederholen. Allerdings ist dies nur ein rechnerischer Rhythmus, eine Annäherung. Einzelereignisse können zeitlich abweichen. Aktuell lebende Generationen haben also eine gute Chance, ein derartiges Starkbeben zu erleben.

10

Die historischen Boten

Tausende Mumien warten vor allem in Südtirol auf ihre Entdeckung

Norbert Mattersberger arbeitete jeden Tag unermüdlich als Knecht auf einem Bauernhof in Matrei in Osttirol. Er war im ganzen Dorf beliebt. Was jedoch die wenigsten wussten, er hütete ein großes Geheimnis. An einem wunderschönen Sommertag im Jahr 1839 meldete er sich vom Bauern ab. Er wollte in die Berge. Doch nicht zum Wandern. Auch nicht zum Mineraliensammlen, mit dem sich nicht wenige damals ein Zubrot verdienten. Bevor er sich am Rand des Bretterwandbaches, vorbei an den Weilern Glanz und Presslab, Richtung Dürrenfeld – eine für die Alpen einzigartige, wüstenähnliche Landschaft mit viel Sand – und dann weiter zum Gradötzkogel in der Granatspitzgruppe aufmachte, holte er die Ausrüstung, die er an diesem Tag benötigte, aus einem Versteck. Ein Gewehr. Denn Norbert Mattersberger ging in heimlichen Stunden einer verbotenen Tätigkeit nach. Der Wilderei. Ziel war an diesem Tag das Gebiet, wo heute die Sudetendeutsche Hütte am Südhang des Wellachköpfe-Südgipfels steht. Offensichtlich hatte er Gämsen im Visier. Doch Norbert Mattersberger kehrte weder an diesem noch an den nächsten Tagen von seinem Ausflug in die Osttiroler Berge zurück. Seine Familie lobte eine silberne Taschenuhr als Finderlohn für die Suchenden aus. Doch gefunden wurde der junge Mann nicht. Jahre später wurde das Verschwinden zum Kriminalfall. Ein Jäger erleichterte an seinem Totenbett sein

Bozner Forscher am EURAC Research sind weltweit führend bei der Mumienforschung, wie etwa bei diesem rund 6600 Jahre alten Murmeltier.

Gewissen und gestand den Mord an einem Wilderer. Exakt in jenem Gebiet, in dem Norbert Mattersberger im Sommer 1839 verschwunden war. Doch eine Leiche war noch immer nicht gefunden worden. Seine Familie lebte weiter in Ungewissheit. 90 Jahre später, nur wenige Jahre nach dem Ersten Weltkrieg, wurde dann der Gendarmerie in Kals der Fund einer Leiche auf dem Gradötzkees gemeldet. Der Fall des Norbert Mattersberger war inzwischen in Vergessenheit geraten. Ein Trupp Polizisten machte sich in Richtung Gletscher auf, um der Meldung nachzugehen. Und sie wurden fündig. Sie entdeckten eine Leiche, der allerdings der Kopf fehlte. Dafür lagen im Umfeld des Toten ein Gewehr und Ausrüstungsgegenstände. Von dem einstigen Mordgeständnis wusste man zu diesem Zeitpunkt nichts, auch die Identität des Toten war unbekannt. Man dachte, der arme Mann wäre in eine Gletscherspalte gefallen und so verstorben. Und nun hatte der Gletscher die Leiche freigegeben. Eine rechtsmedizinische Untersuchung wurde nicht angeordnet. Der Tote wurde am Friedhof von Kals begraben. Beim Toten wurde eine silberne Taschenuhr gefunden. Und diese sollte dann viel später die Identität des Verstorbenen klären. Es war jene Taschenuhr, die die Verwandten von Norbert Mattersberger als Finderlohn versprochen hatten.

Der Osttiroler Wilderer ist in unseren Breitengraden die berühmteste Gletscherleiche nach Ötzi, zumindest in Forscherkreisen. Harald Stadler, seit 2017 Bereichsleiter für Mittelalter- und Neuzeitarchäologie an der Universität Innsbruck, erinnert sich an den bis vor Kurzem noch ungeklärten Fund aus dem Jahr 1929. Der Fall war mit Polizeifotos belegt und wurde von Harald Stadler Jahrzehnte später im Detail untersucht. Die männliche Leiche wurde laut dem gebürtigen Lienzer auf 2700 Meter Höhe entdeckt. Der Tiroler Forscher schildert weitere Details zur spannenden Entdeckung dieser Gletschermumie: „Gefunden wurden beim Toten ein Gewehr, das für die damalige Zeit ungewöhnlich modern war, ein Taschenmesser, ein paar Kugeln und Knöpfe.“ Die ermittelnde Gendarmerie stand vor 100 Jahren vor einem Rätsel. „Um das Puzzle endgültig zusammenzusetzen, steckte besonders viel Recherchearbeit dahinter“, so Harald Stadler. Der Forscher hat das Foto dann aber zum Sprechen gebracht. Zusammen mit den gefundenen Gegenständen erzählt es die spannende Geschichte. Da Mattersberger als Knecht eigentlich nicht jagen durfte, ist von Wilderei auszugehen. Der Bergungstrupp von 1929 entdeckte zudem die Taschenuhr aus Silber bei der Gletschermumie. Laut den Recherchen von Stadler war es exakt jene Uhr, die 1839 von der Familie des Toten als Belohnung für denjenigen ausgesetzt worden war, der den Vermissten findet. Mehrere Suchaktionen blieben damals allerdings erfolglos. Mattersberger wurde erst 90 Jahre später gefunden. Die Leiche wurde vor rund 100 Jahren im Kalser Friedhof begraben und wurde nie rechtsmedizinisch untersucht. Wie der Wilderer zu Tode kam, ist deshalb bis heute nicht zweifelsfrei geklärt. Möglicherweise war er in eine Gletscherspalte gefallen. Oder es war doch ein ungeahndeter Mord, wie das Geständnis eines Jägers nahelegt.

DER FUND EINER MENSCHLICHEN MUMIE IN OSTTIROL WURDE ZUM IN FORSCHERKREISEN WEITUM BEKANNTEN KRIMINALFALL.

In der Zeit, als Norbert Mattersberger verschwand, reichte das Gradötzkees noch bis unter den Großen Muntanitz und erstreckte sich bis auf unter 2600 Meter. Mit einer Nord-Süd-Länge von fast drei Kilometern endete das Gradötzkees im Süden im Bereich der heutigen Sudetendeutschen Hütte. In der zweiten Hälfte des 19. Jahrhunderts bildete das Gradötzkees zudem nach Osten Lappen aus, die sich westlich und östlich der Plojerwand erstreckten. Diese verschwanden im Zuge des Gletscherschwundes jedoch ebenso wie das benachbarte Kredlkees südlich des Gradötzkogels. Die ostwärts abfließenden Lappen waren Mitte des 20. Jahrhunderts noch vorhanden, während der Gletscher im Süden noch bis 2740 Meter hinabreichte. Was für den Rückgang der Gletscher klassisch ist, ist die Freigabe von im Eis gefangenen Gegenständen bis hin zu Flugzeugen aus dem Zweiten Weltkrieg, aber auch Menschen. In diesem Fall der Knecht Norbert Mattersberger aus Matrei in Osttirol, der von seinem Wildererausflug nie zurückkehrte.

Während dieser Osttiroler Fund ein Einzelfall ist, werden in Südtirol Hunderte von Gletscherleichen gefunden. Und Tausende Mumien warten noch darauf, entdeckt zu werden. Dank Klimaerwärmung. Denn Schnee und Eis ziehen sich auf den Gletschern immer mehr zurück. Und davon gibt es mehr als 200 im Land südlich des Brenners. Die schmelzenden Gletscher und tauender Permafrost geben dabei laufend Verschollenes aus der Vergangenheit frei.

Der Fund der berühmtesten unter den heimischen Mumien, die mehr als 5300 Jahre alte Gletscherleiche Ötzi, war die Initialzündung für ein völlig neues Forschungsgebiet, die Gletscherarchäologie. Vorangetrieben vor allem von zwei Zentren, die bereits in Sachen Ötzi maßgeblich beteiligt waren: Eurac Research, das Forschungszentrum in Bozen, und die Universität Innsbruck. Während die Südtiroler mittlerweile weltweit führend in der Mumienforschung sind, sind die Nordtiroler führend in der Feldforschung. Die beiden renommierten Institute arbeiten dabei immer wieder intensiv zusammen.

Doch welche Mumien findet man in unseren Bergen? Das beginnt bei Hunderte von Jahre alten Murmeltieren, Gämsen und Steinböcken und geht über den fast 100 Jahre verschollenen Wilderer (der oben beispielgebend beschriebene Fall in Osttirol) bis hin zu

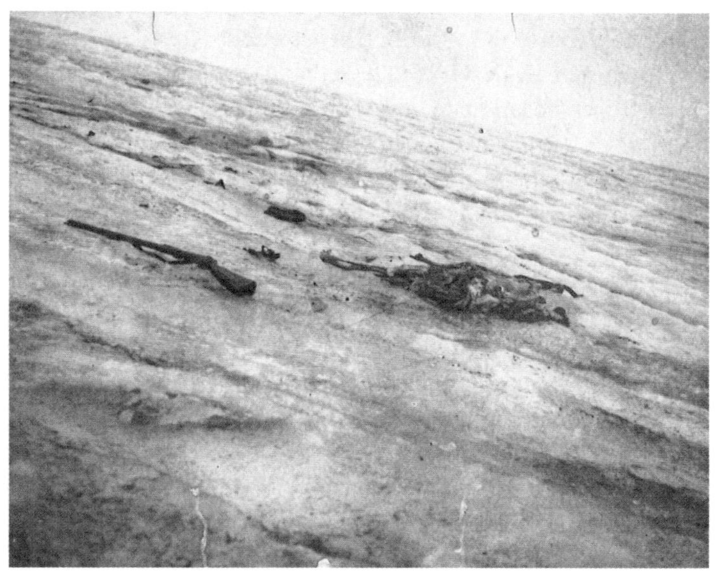

Die Leiche des vermutlich ermordeten Osttiroler Wilderers Norbert Mattersberger aperte nach knapp 100 Jahren im Eis als Mumie aus.

Soldaten aus dem Ersten Weltkrieg. Letztere werden vor allem im Ortlergebiet, aber auch in den Dolomiten zu Hunderten gefunden. Dort, wo sie starben, standen sich im Ersten Weltkrieg Italien und Österreich-Ungarn auf der höchstgelegenen Frontlinie dieses Krieges in Eis und Schnee gegenüber. Nur um einen Einblick zu geben: Das höchste Geschütz im Ersten Weltkrieg stand auf einer Bergspitze im Ortlergebiet auf rund 3850 Meter Seehöhe. Mehr als eine Million Soldaten starben in den Kriegsgebieten im Südtiroler Hochgebirge und in den angrenzenden italienischen Regionen. Exakte Zahlen gibt es nicht. Aufseiten der Tiroler Kaiserjäger, die den Hauptteil der österreichischen Truppen stellten, aber auch beim italienischen Militär starben mehr Soldaten durch Lawinen, Abstürze in Gletscherspalten und Erfrieren als durch die Kampfhandlungen. Und unzählige dieser Toten liegen noch immer in den Bergen.

Jedes Jahr werden dem Schwarzen Kreuz in Österreich, das sich um die Bestattung der Kriegstoten aus der Habsburgerzeit kümmert, sechs und mehr Funde aus den zurückgehenden Gletschern gemeldet. Von Jahr zu Jahr steigt aufgrund des rasant zunehmenden Gletscherschwundes die Zahl der Gefundenen. „Das Klima öffnet für uns einen Tresor und diese spannenden Möglichkeiten müssen wir auf jeden Fall für uns nützen. Es wird noch einiges auftauchen“, sagt Harald Stadler, Bereichsleiter für Mittelalter- und Neuzeitarchäologie an der Universität Innsbruck. Jener Harald Stadler, der auch den Fall des Osttiroler Wilderers beschrieben hat. Er denkt dabei unweigerlich an den Ortler, wo Jahr für Jahr einiges gefunden wird: „Es gibt dort viele Befunde. Die Südtiroler Kollegen erwarten aber noch etwa 4000 Mumien, die das Eis freigeben wird. Da ist noch einiges zu tun.“ Es sind laut Stadler nämlich im Ersten Weltkrieg viel mehr Soldaten durch Unfälle und Winterkatastrophen zu Tode gekommen als durch die eigentlichen Kampfhandlungen. Und diese Verschütteten tauchen nun immer öfter nach mehr als 100 Jahren im Eis wieder auf.

Als „Urkatastrophe des 20. Jahrhunderts“ wird der Erste Weltkrieg bezeichnet. Die Italiener, Briten und Franzosen nennen ihn „Großen Krieg“. In Russland wurde er, wie später auch der Zweite Weltkrieg, als „Großer Vaterländischer Krieg“ bezeichnet – der Erste Weltkrieg war ein Jahrhundertereignis, das nahezu das gesamte 20. Jahrhundert prägte. Eine Forscherin der Universität Innsbruck bringt dieses Ereignis mit ihrer Beschreibung auf den Punkt: „Der Historiker und Diplomat George F. Kennan hat mit seinem Befund der ‚Urkatastrophe‘ schon recht: Die politischen Entwicklungen, die der Erste Weltkrieg mittelbar und unmittelbar auslöste, prägten das 20. Jahrhundert ganz entschieden, schufen die Voraussetzungen für den Zweiten Weltkrieg und den Ost-West-Konflikt", hält Gunda Barth-Scalmani fest. Sie ist Professorin für österreichische Geschichte am Institut für Geschichtswissenschaften und Europäische Ethnologie und an mehreren Forschungsprojekten zum Ersten Weltkrieg beteiligt. In der öffentlichen Wahrnehmung, besonders im deutschsprachigen Raum, tritt der Erste Weltkrieg häufig hinter den Zweiten Weltkrieg zurück. „Durch die Notwendigkeit, die Geschehnisse des Zweiten Weltkriegs aufzuarbeiten, trat der Erste Weltkrieg natürlich etwas in seinen Schatten", sagt Gunda Barth-Scalmani. „Allgemein ist der Bezug zum Ersten Weltkrieg aber immer noch dort sehr stark, wo seine politischen Auswirkungen noch immer spürbar sind." Etwa in Tirol, wo die Trennung von Südtirol als direkte Folge des Krieges nach wie vor auch politisch immer wieder thematisiert wird, in Kärnten, wo Gleiches mit dem „Abwehrkampf" der Kärntner geschieht, oder in jenen ehemaligen Ostblock-Staaten und -Regionen, die bis Ende des Weltkriegs Teil des Habsburgerreiches waren und in denen die habsburgische Vergangenheit nach dem Fall des Eisernen Vorhangs wieder ins Bewusstsein rückte. Ein markanter und einzigartiger Kriegsschauplatz des Ersten Weltkriegs war der Gebirgskrieg im damaligen südlichen Teil Tirols, von den Dolomiten bis zur Ortlergruppe.

Heute recht wenig bekannt ist die Tatsache, dass im damaligen Habsburgerreich und auch in Tirol Tausende russische Kriegsgefangene als billige Arbeitskräfte für Infrastrukturprojekte im Gebirge eingesetzt wurden. „Man darf sich das allerdings nicht als qualvolle Zwangsarbeit vorstellen, wie man das aus dem Zweiten Weltkrieg kennt", sagt Gunda Barth-Scalmani. Zwar sei die Situation dieser Arbeiter keineswegs luxuriös gewesen, sie wurden allerdings für ihre Arbeit bezahlt und die Arbeit bot eine Alternative zu zermürbender Untätigkeit in den Kriegsgefangenenlagern. „Das entsprach der Haager Landkriegsordnung, die unter anderem den Umgang mit Kriegsgefangenen regelt." In der damaligen gefürsteten Grafschaft Tirol kamen hauptsächlich Gefangene aus Salzburger und oberösterreichischen Lagern zum Einsatz. „Die Grödnerbahn in Südtirol wurde fast ausschließlich von Russen [Anm. ca. 6000 Gefangene] gebaut – das ist außerhalb Grödens kaum bekannt und wird auch dort nicht aktiv kommuniziert, etwa durch eine Gedenktafel", erklärt Gunda Barth-Scalmani. Ebenso wurde die Fleimstalbahn im Jahre 1916, zur Entlastung der ins Frontgebiet führenden Straße, mit Hilfe zahlreicher russischer Kriegsgefangener gebaut. Die Eisenbahnstrecken von Klausen nach Plan de Gralba (31 km) sowie Auer nach Predazzo (50 km) wurden 1960 bzw. 1963 stillgelegt. Viele der bei diesen Arbeiten tödlich verunglückten Russen liegen heute noch in Südtiroler Soldatenfriedhöfen. Und nicht alle, vor allem jene, die flüchteten, wurden in den winterlichen Bergen Südtirols gefunden. Ein spannender zusätzlicher Aspekt aus dieser Zeit.

TAUSENDE MUMIEN WARTEN IN SÜDTIROL NOCH AUF IHRE ENTDECKUNG.

Zurück zu den Mumien. Das Besondere an alpinen Gletschermumien: Durch die speziellen Lagerungsbedingungen im Eis erhalten sich laut den Archäologen der Universität Innsbruck auch beinahe alle Materialien aus pflanzlichen Substanzen wie Leinen, Baumwolle, Holz ebenso wie Produkte tierischen Ursprungs aus Wolle, Seide, Haaren, Horn, Leder bis zu kompletten tierischen Kadavern und menschlichen Individuen. Die Eisleichen bilden durch die Gefriertrocknung eine Art biologischen Tresor, der mit Hilfe moderner Ermittlungen geknackt werden kann. Tirol und Südtirol zählen mit ungefähr 1000 Kleingletschern, davon ca. 800 in Nord- und Osttirol, zu den gletscherreichsten Gebieten der Erde. In Zukunft wird es dort noch viel zu entdecken geben.

Eine ganz besondere tierische Mumie wurde im Ahrntal entdeckt. Die mehr als 400 Jahre alte Gletschermumie einer Gämse. Sie spielt in der Forschung eine zentrale Rolle. Die Gämsenmumie wurde bei Eurac Research in Bozen penibel untersucht. Dabei wollte man im Detail herausfinden, wie der Prozess der Mumifizierung im Eis funktioniert. Das Tier streifte in jener Zeit durch die Südtiroler Berge, als in Europa der Dreißigjährige Krieg wütete und holländische Entdecker die Siedlung Neu-Amsterdam in Amerika gründeten. Das heutige New York City. Einem Alpinisten fiel 2019 bei einer Bergtour auf einem Eisfeld unterhalb des Turnerkamp auf rund 3000 Meter Höhe ein Tierkadaver auf. Der zuständige Jagdaufseher hatte beim Fund sofort den Verdacht, dass es sich um ein sehr altes Tier handeln könnte, und meldete dies zum Glück den Forschern von Eurac Research. Diese bargen die wertvolle und sehr gut erhaltene Tierleiche gemeinsam mit Gebirgsjägern des italienischen Heeres und flogen sie nach Bozen. „Unser Ziel war es in der Folge, ein Konservierungsprotokoll auszuarbeiten, das für Gletschermumien weltweit gelten kann“, so Konservierungsexperte Marco Samadelli. Albert Zink, Leiter des Instituts für Mumienforschung von Eurac Research: „Es war das erste Mal, dass eine Tiermumie für solche Studien verwendet wurde.“ Zuvor war erst einmal eine Gämsenmumie in den Alpen gefunden worden. Dieses Tier aus der Schweiz ist aber wesentlich jünger, rund 150 Jahre alt.

Zuletzt haben die Mumienforscher von Eurac Research einen weiteren ganz besonderen Gast in ihren Labors untersucht: Ein 6600 Jahre altes mumifiziertes Murmeltier, das am Liskamm im Monte-Rosa-Massiv auf 4300 Meter Höhe entdeckt worden war. Im Südtiroler Forschungsinstitut wurde durch

Radiokarbondatierung nachgewiesen, dass das Murmeltier aus der Jungsteinzeit stammt. Damit ist es die älteste Tiermumie Italiens. Das Regionalmuseum für Naturwissenschaften der Autonomen Region Aostatal entschied frühzeitig, das Südtiroler Forschungszentrum als Mumienspezialisten einzubeziehen. Nach der Gletscherbergung wurde die Mumie in einen speziellen, von Eurac Research entwickelten Behälter gelegt, die den Fund schützt und optimal auf dem Weg ins Labor konserviert.

Tirols Mumien stammen jedoch nicht nur aus alten Zeiten. Schlagzeilen wie „Bergführer entdeckt Gletscher-Mumie" gibt es fast jedes Jahr. Beispielsweise ein Fall aus dem Jahr 2017. Bei einer Tour auf den Alpeiner Ferner in den Stubaier Alpen hatte man damals eine halb aus dem Eis ragende Leiche entdeckt, die zu großen Teilen mumifiziert war. Laut Polizei handelte es sich um die sterblichen Überreste eines deutschen Touristen. Der 36-Jährige war 1974 in diesem Gebiet verschwunden. Wiederum ein Bergführer machte am Schlatenkees in der Venedigergruppe in Osttirol im Jahr 2023 eine schreckliche Entdeckung. Auf knapp 3000 Metern fand er eine Gletscherleiche. Neben Bargeld wurden auch eine Bankomatkarte und ein Führerschein gefunden. Der Tote war ein 37-jähriger Österreicher, der seit 2001 abgängig war. Also 22 Jahre. Das Eis gibt aber nicht nur Menschen frei. 2002 entdeckten Bergretter aus Prägraten auf dem Umbalkees Flugzeugwrackteile. Dabei handelte es sich um Stücke einer Junkers Ju 52 der deutschen Luftwaffe, die am Nachmittag des 4. Jänner 1941 dort notlandete. Die Besatzung überlebte verletzt und schoss bei Nacht Leuchtraketen und gab bei Tag Schüsse ab, um Hilfe zu erhalten. Doch niemand bemerkte dies. Drei Besatzungsmitglieder wagten dann ein gefährliches Unternehmen. Sie stiegen über verschneite Gletscherspalten zu einer in der Entfernung sichtbaren Hütte ab. Die Essener Hütte, die in diesen Wintertagen nicht belegt war. Nach drei Tagen erreichten sie Prägraten. Es dauerte drei weitere Tage, bis die Rettungsmannschaften alle Verletzten geborgen hatten. Auch wertvolle Teile des Flugzeuges wurden anschließend ausgebaut und ins Tal gebracht. Über die nächsten Jahre verschwand das Flugzeug dann im Gletscher. Um 61 Jahre später wieder aufzutauchen. Allerdings nur noch in Teilen. Die Ju 52 war durch die Kräfte des Eises zermahlen worden.

11

Die zerstörerischen Kräfte

Feuer und Eis formten die Tiroler Berge zu dem, was wir heute kennen

Das Auftauchen von mystischen Wesen im Hochgebirgsnebel auf der Innsbrucker Nordkette sorgte 2019 in Tirol für Aufregung. Eine Fotografie zeigt die sechs Wesen. Sie stehen am Anfang einer Reise, die sich mit einem Tiroler Mythos beschäftigt. Dem bekanntesten Vulkan in den Alpen – der gar keiner ist. Dem Patscherkofel. „Ans Tageslicht gekommen, erforschen diese Wesen aus dem Inneren des mystischen Vulkans im Süden von Innsbruck, die hier ansässigen Menschen und gehen ihrer Identität auf den Grund. Mit der Einführung einer komplett anderen Spezies, die das Gebiet womöglich schon länger bevölkert als der Mensch", erzählt die Innsbrucker Künstlerin Nicole Weninger. Die Annahme einer unverwechselbaren Tiroler Ur-Natur sollte damit ad absurdum geführt werden. Die Wesen sind Teil des Performanceprojekts Vulcania. Seit Menschengedenken wird den Kindern rund um Innsbruck erzählt, früher angeblich auch im Heimatkundeunterricht an Schulen, dass der Hausberg der Stadt am Inn ein erloschener Vulkan wäre. Aufgrund seiner Form ein naheliegender Schluss. Befeuert wurde dies durch Funde von Bimsgestein am Fuße des markanten Berges im mittleren Inntal am Anfang des 20. Jahrhunderts. Allerdings ist bis heute ungeklärt, woher dieses Material wirklich

Einer der weltgrößten ehemaligen Supervulkane beherrschte einst ein riesiges Gebiet rund um Bozen. Überbleibsel sind für das geschulte Auge noch heute zu finden.

stammt. Es gab zwei Erklärungsversuche: vulkanische Tätigkeit im Nahgebiet von Innsbruck oder, weit weniger spektakulär, dass es sich um künstliche Schlacken handeln könnte. Gewiss ist jedoch eines, der Patscherkofel war trotz seiner markanten, an Vulkane erinnernden Form, nie einer. Seine Form erhielt der Innsbrucker Hausberg in der Eiszeit. Als einer der niedrigsten Gipfel der Alpen in diesem Gebiet wurde er vom mächtigen Inntalgletscher vollständig bedeckt. Und die eisigen Gletschermassen, nicht glühend heiße Lava, formten ihn, bis er für Menschen wie ein erloschener Vulkan aussah. In den meisten Fällen war es Eis, das unsere Landschaft geformt hat. Doch auch Feuer hat seinen Anteil. Jedenfalls wirkten aus menschlicher Sicht unterschiedliche katastrophale Kräfte, die der gesamten Landschaft ein gänzlich neues Bild verpasste. Das Bild, welches wir heute kennen.

Süd-, Nord- und Osttirol sind geprägt von den Bergen der Alpen. Und diese sind der Grund, dass Vulkanismus heute im Gegensatz zu Süditalien nicht zu den Gefahren für die Menschen in diesem Land zählen. Doch es ist ein und derselbe Grund, warum Ätna, Vesuv und Stromboli im Süden Italiens für Katastrophen sorgen können, selbige aber in Tirol verhindern. Dass zwischen Neapel und Catania der Vulkanismus regiert, ist auf die Kollision der Afrikanischen mit der Eurasischen Kontinentalplatte zurückzuführen. Dies sorgt einerseits für die Auffaltung der Alpen, aber andererseits auch für das Entstehen der aktiven Vulkane Ätna, Stromboli und Vesuv. Während die zwei Erstgenannten laufend aktiv sind, brach der Vesuv zuletzt am 17. März 1944 aus und schlummert derzeit. Eine tickende Zeitbombe also, ebenso wie die nahe gelegenen Phlegräischen Felder. Vor der Westküste Italiens schiebt sich der sogenannte adriatische Sporn der Afrikanischen Platte unter die Eurasische Platte. Im Gegensatz zur Anhebung der Alpen sinkt dort Gesteinsmaterial ab. Und daraus resultiert aufsteigendes Magma, sprich Vulkanismus. Während man also in den Alpen vor Vulkanen heute sicher ist, sieht es in Süditalien ganz anders aus.

Nur Island kann auf mehr Vulkane in Europa verweisen als Italien mit Stromboli, Ätna, Vesuv und den Phlegräischen Feldern. Außerdem ist der Stromboli, vor Siziliens Ätna, der aktivste Vulkan Europas. Doch dies war nicht immer so. Historisch gesehen spielte Südtirol in Sachen Vulkanismus weltweit eine bedeutende Rolle. Die Spuren davon sind noch heute zu sehen.

Etwas ganz Besonderes sind die Phlegräischen Felder am westlichen Stadtrand von Neapel, ungefähr 20 Kilometer westlich des Vesuvs. Sie sind als Supervulkan eingestuft. Das mit Abstand größte und gefährlichste, was es in Sachen Vulkanen gibt. Um deren Gewalt zu verdeutlichen: Einige der berühmtesten Supervulkane der Erdgeschichte sorgten für ein Massenaussterben in der Tier- und Pflanzenwelt. Die Phlegräischen Felder sind noch aktiv. Und beim bis dato größten bekannten Ausbruch dieses Supervulkans vor ca. 29.000 Jahren war ein Gebiet von sage und schreibe 150.000 Quadratkilometern betroffen. Das ist beinahe die doppelte Fläche von Österreich. Der letzte Ausbruch, ein damals kleinerer, fand 1538 statt. Mit dem nächsten ist jederzeit zu rechnen. Und dann soll laut Wissenschaft ein großer stattfinden. Italien südlich von Rom droht die Verwüstung. Was die wenigsten wissen, einen Supervulkan gab es auch in Südtirol. Während der Süden Italiens auf einem Pulverfass sitzt, ist jenes in Südtirol aber glücklicherweise seit Langem Geschichte.

Der Supervulkan von Südtirol rangierte in einer ganz eigenen Kategorie. Zum Vergleich: Während die Phlegräischen Felder einen Durchmesser von knapp 15 Kilometern haben mit einer einzigen großen Caldera, wie man riesige Krater bezeichnet, stellten Forscher beim Südtiroler Supervulkan einen Durchmesser von rund 70 Kilometern fest. Mit mindestens zwei Calderen. Er erstreckte sich von Meran bis Trient mit Zentrum um Bozen und er war in einer Zeitspanne von beinahe 15 Millionen Jahren immer wieder aktiv. Mit einem der massivsten Vulkanausbrüche der

Erdgeschichte. Das Gebiet von Meran über Bozen bis hin nach Trient wurde dabei bis zu einem Kilometer dick mit Lava bedeckt.

Allerdings ist dies rund 280 Millionen Jahre her, in einer Zeit, in der Südtirol gänzlich anders aussah als heute. Spuren davon sind jedoch noch heute zu finden. Die sogenannte Etschtaler-Vulkanit-Gruppe mit dem bekannten Bozner Quarzporphyr – kennt jeder von den Pflastersteinen in vielen Orten quer durch Südtirol – geht auf den Supervulkan zurück. Im Norden reichen die Vulkanite, also das Gestein vulkanischen Ursprungs, im Eisacktal etwa bis Waidbruck und Gröden sowie bis Meran, südlich mit der Lagorai-Kette in der Valsugana und dem Nonstal bis in das Gebiet nordöstlich von Trient.

Etwa 50 Millionen Jahre später trat Vulkanismus in den südlichen Dolomiten, im Grenzgebiet zwischen Südtirol und dem Trentino auf. Im Fleimstal, etwas östlich von Pardatsch bzw. Predazzo, steht ein Berg, der der Rest eines Vulkans ist. Im Bereich des heutigen Monte Mulat bildete sich ein Vulkankegel, der sich aus Lavaströmen mit zwischengelagerten Schichten aus Asche- und Lapilli, erbsen- bis nussgroßen Steinchen vulkanischen Ursprungs, aufbaute. Der Monte Mulat ist der Rest dieses ehemaligen Vulkans. Dunkle, uralte Basaltschichten im ansonsten sehr hellen Kalk sieht man heute noch am besten auf dem Geotrail am Dos Capello oberhalb von Pardatsch, etwas südlich von Obereggen im Eggental.

Wenn man in der Erdgeschichte noch weiter zurückgeht, dann trifft man auch im Gebiet von Kitzbühel auf einen Vulkan. Einen unterseeischen Vulkan, der vor circa 440 Millionen Jahren ausgebrochen ist. Im Zuge der Alpenbildung entstand das heute dort vorkommende Gestein, das unter Einfluss von Druck aus der erstarrten Lava umgewandelt wurde. Die rötlich-violetten Ablagerungsflächen der vulkanischen Aschen sind noch heute im Steinbruch des Hartsteinwerks Kitzbühel großflächig sichtbar.

Relikte von Vulkanit deuten auch im Gebiet Ötztal/Kaunertal darauf hin, dass dort einmal ein Vulkan aktiv war.

Das Formen des heutigen Gebiets der Alpen geht also nur in seltenen Fällen auf Vulkanismus zurück. Die Tektonik, die Hebung der Alpen, bestimmen neben den Eiszeitgletschern hauptsächlich jene Landschaft, die wir heute vorfinden. Vor allem das Eis in den verschiedenen Eiszeiten prägte das Land. Zwei riesige Gletschersysteme waren dafür verantwortlich. Nördlich der Alpen der Inn-Gletscher und südlich der Alpen der Etsch-Gletscher. Das Eis schliff über Jahrtausende die Gipfel ab und formte ihre heutige Erscheinung. Was unter dem Eis lag, wurde abgerundet. Wie beispielsweise der eingangs erwähnte Patscherkofel. Die ursprünglichen Täler bearbeiteten die Gletscher wie riesige Hobel. So entstanden die heutigen Trogtäler. Das abgehobelte Gesteinsmaterial wurde teilweise tief nach Bayern hinein und bis an den Rand der Poebene befördert. Der Gardasee ist ein Überbleibsel dieser formenden Tätigkeit. Im speziellen Fall durch den Etschgletscher. Ähnlich entstanden die vielen großen Seen in Oberbayern, die dem Inn-Gletscher und seinen Nebenarmen zu verdanken sind. Auch der Achensee ist ein Produkt dieser Zeit. Ihre heutige Gestalt haben die Täler schließlich am Ende der letzten Eiszeit erhalten. Nach dem Abschmelzen der eiszeitlichen Alpengletscher, die in ihrer Maximalausbreitung bis in das Gebiet der heutigen Großstädte Verona, Mailand, Bern, München und Wien reichten, wurden immense Schuttmassen weggespült und an anderen Orten abgelagert. Ebenso setzten vor allem im Tiroler Oberland und bei Eppan immense Bergstürze ein, nachdem die stützende Kraft des Eises, das in den Tälern bis in die Gipfelbereiche reichte, plötzlich fehlte. Es folgte die Wiederbewaldung der Alpen, beginnend vor rund 13.000 Jahren.

Einer der mächtigsten Eiszeitgletscher in den Alpen war der Inn-Gletscher. Er reichte von seinem Ursprung im Schweizer

Gotthardmassiv und den Berner Alpen über das Engadin durch das Tiroler Inntal bis an den bayerischen Chiemsee. Eine Länge von rund 400 Kilometern. Bereits im hinteren Engadin hatte er eine Mächtigkeit, die bis in eine Höhe von 2700 Metern reichte. Er war damit so hoch, dass Teile der Eismassen über die Berge Richtung Rhein-Gletscher nach Norden abflossen. Bei seinem Eintritt in Tirol bei Finstermünz wird seine Höhe auf ca. 2600 Meter geschätzt. Das zeigen Schleifspuren an den Bergflanken. Im Oberinntal fütterten mächtige Gletscher aus dem Paznauntal, Pitztal und Ötztal den Inn-Gletscher. Es sammelte sich so viel Eis, dass Teile über das Klostertal Richtung Vorarlberg und Rhein-Gletscher abgelenkt wurden und über Nauders Richtung Süden den Etsch-Gletscher zusätzlich nährten. Auch der Fernpass wurde überströmt. Das beweisen Schliffspuren im Fels auf 2900 Meter Höhe an unterschiedlichen Stellen in den Oberländer Bergen. Im mittleren Inntal mündeten die Gletscher aus dem Sellraintal, Stubaital und Wipptal in den Inn-Gletscher. Das sorgte für eine Abdrängung von Eismassen über das Seefelder Plateau nach Bayern. Dieser Seitenarm des Inn-Gletschers wird zusammen mit jenem über den Fernpass Isar-Loisach-Gletscher genannt. Im Bereich Innsbruck reichte das Eis bis auf ungefähr 2200 Meter Höhe. Die Gegend von Innsbruck war also mit einem mehr als eineinhalb Kilometer dicken Eispanzer bedeckt. Durch das immer breiter werdende Inntal nahm die Höhe dann um ca. 200 Meter ab. Der massive Ziller-Gletscher sorgte mit seinem Zufluss dafür, dass Eis über das Achental Richtung Bayern abgelenkt wurde. Ein Seitenarm des Ziller-Gletschers drückte aber auch Eis über den Loas-Sattel Richtung Inntal und Schwaz. Das dortige Kellerjoch ragte als Insel aus den immensen Eismassen. Bei Kufstein reichte der Gletscher noch bis in eine Höhe von ca. 1700 Metern.

Die gesamten Terrassenlandschaften des Inntals, oftmals Mittelgebirge genannt, sind Produkte der eiszeitlichen Vergletscherung. Der Inn-Gletscher hinterließ auch große Endmoränen in Bayern.

Die bekannteste kennt jeder, der bereits auf der Autobahn von Kufstein nach München unterwegs war: der Irschenberg. Der einzige vom Inn-Gletscher unabhängige eiszeitliche Gletscher auf Nordtiroler Gebiet war der Achen-Gletscher, in Deutschland auch Chiemsee-Gletscher genannt. Dieser transportierte Eismassen aus dem Gebiet Kitzbühel entlang der heutigen Kitzbüheler bzw. Tiroler Ache nach Bayern. Im Bereich Chiemsee vereinigte er sich mit dem Inn-Gletscher. Zusammen schufen die beiden Gletscherströme den Chiemsee.

Nur unwesentlich kürzer war der Etsch-Gletscher, das Pendant zum Inn-Gletscher auf der Südseite des Alpenhauptkamms. Er brachte es auf eine Länge von ca. 350 Kilometern. Über den Reschenpass waren die zwei großen eiszeitlichen Alpengletscher direkt verbunden. Der Etsch-Gletscher hatte seinen Ursprung im Dreiländereck Italien, Schweiz, Österreich. Im Vinschgau hatte er mehrere Zuflüsse kleinerer Seitenarme aus den Seitentälern der Ötztaler Alpen und der Ortlergruppe. Der größte Zufluss des Etsch-Gletschers war der Eisack-Gletscher im Gebiet von Bozen, der auch die Eismassen des Rienz-Gletschers aus dem Pustertal mitbrachte. Zwischen den östlich gelegenen Dolomiten und der Ortlergruppe im Westen bildete sich eine Eisfläche von 40 Kilometern Breite. Kein einziger Berg schaffte es, als Insel aus diesem Eismeer zu ragen. Im Vinschgau reichte der Etsch-Gletscher bis in eine Höhe von 2400 Metern, bei Bozen bis 2000 Meter und bei Trient bis ca. 1800 Meter. Auch in Südtirol gab es einen unabhängigen Gletscher, der keine Verbindung mit dem Etsch-Gletscher hatte. Aus den östlichen Dolomiten floss das Eis über Cortina d'Ampezzo zum Piave-Gletscher.

Die Eismassen aus Osttirol fanden zwei Wege aus den Bergen. Einerseits über das Pustertal Richtung Etsch-Gletscher, andererseits über das Drautal Richtung Kärnten.

12

Die sechste Auslöschung

Als Löwen, Tiger, Mammuts und Nashörner durch Tirol streiften

Ein breiter Fluss, den man einmal Inn nennen wird, mäanderte durch das Alpental. Eine Gruppe von Riesenhirschen streifte majestätisch über eine Wiese am Rand eines Auwaldes am Fluss nahe dem heutigen Kufstein. Hinter Bäumen und Gebüsch lauerte noch im Dunkel der schwachen, ersten Strahlen der Morgensonne ein Rudel von Löwen. Bereit, Beute zu machen. Auch ein Tiger war auf der anderen Seite der Wiese auf die Hirsche aufmerksam geworden. Am Horizont stieg eine zarte Rauchsäule in den sich langsam aufhellenden Himmel. Das verblassende Zeichen eines nächtlichen Lagerfeuers der Ureinwohner des Gebietes, das viele Jahre später den Namen Tirol erhalten sollte. Auch die Menschen hatten sich aufgemacht, Beute zu machen. Und so umringten aus unterschiedlichen Richtungen kommend gleich drei Jägertrupps die Hirsche. Das Schicksal aller drei hing davon ab, Beute zu machen. Nur einer dieser Jäger sollte die Zeiten, die man sechste Auslöschung nennt, überdauern.

Die beispielhafte Szene hatte etwas Erhabenes und doch Gefährliches an sich. Aber auch gänzlich Unwirkliches. Die Berge ringsum sind die gleichen, die wir kennen. Doch die sich präsentierende Tierwelt kann man nur als exotisch bezeichnen. Tiger und Löwen im Inntal? Genauso im Etschtal? Dazu noch Nashörner,

Die vergessene Megafauna – Mammuts, Löwen, Tiger und Nashörner streiften einst durch die Tiroler und Südtiroler Täler und Wälder.

Hyänen und Elefanten? Afrikanische Verhältnisse in Süd-, Nord- und Osttirol?

Die Neandertaler waren längst ausgestorben, da waren Löwen in Europa noch weit verbreitet. In Tirol war dies noch vor mindestens 10.000 Jahren der Fall, also in jenem historischen Zeitfenster, in dem auf dem Gebiet des heutigen Israel Jericho, das als älteste Stadt der Welt gilt, gegründet wurde. Genau weiß man es nicht, doch es ist nicht auszuschließen, dass die letzten noch verbliebenen Großkatzen hierzulande sogar noch auf die Jagd gingen, als Ötzi seinem verhängnisvollen Schicksal vom Vinschgau kommend in den Ötztaler Alpen entgegenstapfte. Diese bis zu 3,2 Meter langen, etwa 1,5 Meter hohen und mehr als 300 Kilogramm schweren Raubtiere waren um einiges größer als ihre heutigen Verwandten. Ihr Fell war dichter, länger und dunkler. Das weiß man deshalb bis ins Detail, weil in Sibirien perfekt erhaltene Eismumien dieser Löwenart gefunden wurden. Die Mähne des Afrikanischen Löwen ist dafür üppiger. Beim Höhlenlöwen fehlte sie manchmal sogar gänzlich.

Die Großkatzen galten in Sachen Jagd als die härtesten Konkurrenten der damaligen Menschen. Höhlenlöwen wie Menschen hatten es auf die gleiche Beute abgesehen: Wisent, Riesenhirsch, Saiga-Antilope (die es heute noch in den Steppen Russlands, Kasachstans, Usbekistans und der Mongolei gibt). Zudem Elch, Mammut und Wollhaarnashorn. In mitteleuropäischen Höhlen, in denen die Anwesenheit von Höhlenlöwen und Höhlenhyänen nachgewiesen ist, finden sich aber auch die Knochen von kleineren Beutetieren, nämlich Tarpanen (Ur-Wildpferde), Halbeseln, Steppenbisons, Steinböcken, Gämsen, Rothirschen, Rentieren, Wölfen und Vielfraßen.

Nachdem aufgrund der menschlichen Jagd die Bestände der Beutetiere stark zurückgegangen waren, fanden die Höhlenlöwen nicht mehr genug Nahrung, um zu überleben. Wir sprechen von den Anfängen der sechsten und noch aktuellen großen Welle von Artensterben in der Erdgeschichte. Was die sechste Auslöschung besonders macht, ist deren Hauptauslöser: der Mensch. Eine weitere Ursache war die damalige nacheiszeitliche Klimaerwärmung, die aus Tundra- bzw. Steppenlandschaft Waldgebiete machte. Kein Lebensraum für die Steppenjäger, die die damaligen Löwen waren und auch ihre afrikanischen Verwandten heute noch sind.

Dass Höhlenlöwen auch im Großraum des historischen Tirol, also nördlich wie südlich des Brenners, beheimatet waren, ist zweifelsfrei nachgewiesen. In der Tischofer-Höhle bei Kufstein wurden Skelettteile dieser Großkatzenart gefunden. Sie gehen auf einen noch jungen Löwen zurück. Neben dessen Überresten wurden auch Hyänenknochen gefunden. Dies hat insofern eine Bedeutung, da Wissenschaftler vermuten, dass die Hyänen der Grund der Funde der Knochen von Löwen in Höhlen sind. Die Löwen selbst lebten nicht in Höhlen. Höhlenhyänen, mit den heutigen Tüpfelhyänen verwandt, haben laut dieser Theorie tote Löwen zum Fressen in Höhlen geschleppt. Den Hyänen wäre so der Fund von nahezu allen Höhlenlöwen zu verdanken. Bis auf einen einzigen bekannten Fund eines europäischen Löwen im Freiland in Deutschland. Hyänen suchten Höhlen nur zum Schutz auf, etwa bei der Geburt von Nachwuchs, oder eben zum Fressen. Somit ist auch deren Name – Höhlenhyäne – eigentlich nicht ganz zutreffend. Doch als diese Tierarten einst benannt wurden, wusste dies die Wissenschaft noch nicht. Der erste Höhlenlöwe wurde 1771 von einem Pfarrer in Süddeutschland entdeckt.

Ursprünglich war sich die Wissenschaft nicht einig, ob die Skelettfunde dieser Großkatzen (erstmals 1810, ein Jahr nach der Bergisel-Schlacht, wissenschaftlich beschrieben) Löwen zuzuordnen seien. Zwei deutsche Forscher wiesen allerdings dann aufgrund von DNA-Tests eindeutig nach, dass es sich um Löwenknochen handelt. Der Höhlenlöwe wurde dadurch als Unterart des Afrikanischen Löwen identifiziert. Für diese spektakuläre Erbgutanalyse und die einen langen Forscher-Streit schlichtende Untersuchung hatten die Wissenschaftler DNA-Proben von Löwenknochen aus Siegsdorf in Bayern und aus der Tiroler Tischofer-Höhle verwendet.

Löwen waren nicht die einzigen spektakulären Großsäugetiere, die in Teilen Tirols heimisch waren. Vermutlich vor allem im unteren Inn- und Etschtal. Zusätzlich, wie im Fall des Löwen nachgewiesen, vereinzelt auch in kleineren Seitentälern wie dem Gadertal. Damals gehörten zur mitteleuropäischen Fauna nämlich auch Verwandte anderer Tiere, die wir heute hauptsächlich mit Afrika in Verbindung bringen. Dazu zählen beispielsweise Antilopen, Leoparden und Geparden. Aber auch Nashörner. In diesem Fall das sogenannte Wollnashorn. Sowie mit dem Mammut ein Verwandter der Elefanten. Und nicht zu vergessen der Säbelzahntiger. Eine Säbelzahnkatzenart namens Smilodon. Nur namentlich, aber nicht direkt mit dem Tiger verwandt, jedoch die gleiche Nische in der Natur besetzend. Nördlich der Alpen bis zu Nord- und Ostsee, vermutlich aber nicht im unteren Inntal und somit in Tirol, hatten der ebenfalls ausgestorbene europäische Waldelefant, das Waldnashorn, selbst Flusspferde, einst ihre Heimat.

Diese Tiere der sogenannten Mega-Fauna wurden die ersten Opfer der sechsten Welle der großen erdgeschichtlichen Artensterben. Die ersten fünf Wellen resultierten aus extremen Naturereignissen, an die sich die Fauna und Flora nicht schnell genug anpassen konnten. Beispielsweise der Asteroideneinschlag, der die Regentschaft der Dinosaurier auf der Erde beendete und als die fünfte Welle bezeichnet wird. Die Natur in Form des sich gewaltig ändernden Lebensraums der Mega-Fauna in Europa nach

Das Skelett eines in der Tischofer-Höhle nahe Kufstein entdeckten Höhlenlöwen wurde von Spezialisten der Tiroler Landesmuseen restauriert.

der Eiszeit war bei der sechsten Auslöschung aber nur teilweise für die Katastrophe verantwortlich. Diese unsägliche Trophäe darf sich hauptsächlich der Mensch an die Wand hängen.

Wie lange diese heute für unsere Breitengrade exotisch anmutenden Tiere Tirol wirklich ihre Heimat nannten, ist von Art zu Art unterschiedlich und kann letztlich nur vermutet werden, da die jeweils jüngsten archäologische Funde nicht zwangsläufig das Ende der Art aufzeigen. Während etwa der europäische Löwe möglicherweise bereits vor mehr als 10.000 Jahren verschwand, zogen Mammute noch mindestens weitere 6000 Jahre durch die Lande. Ziemlich genau bis zu jenem Zeitpunkt, als die Ureinwohner, die Tirol seit vermutlich etwas mehr als 10.000 Jahren besiedelt hatten, von der reinen Jagd sukzessive auf Ackerbau umstiegen. So konnte man die ausgerotteten Großbeutetiere als einstige Hauptnahrungsquelle mehr oder minder nahtlos ersetzen. Zum Todeszeitpunkt des berühmten Ötzi vor etwa 5000 Jahren waren Mammute allerdings noch Teil der europäischen Fauna. Wenn auch die Bestände bereits stark abgenommen hatten und ihr Verschwinden kurz bevorstand.

Dass Löwen und Menschen auch im Alpenraum Konkurrenten waren, zeigt ein aufsehenerregender Fund im bayerischen Siegsdorf, nur 24 Kilometer Luftlinie vom Tiroler Ort Kössen entfernt. Ein dort gefundenes Skelett eines Höhlenlöwen zeigt an den Rippen Waffenspuren. Wissenschaftler rekonstruierten Speerstiche in den Bauchraum des Raubtieres. Offensichtlich auf Jagdwaffen des Menschen zurückgehend. Zusätzliche Schnittspuren an den Knochen deuten außerdem darauf hin, dass der Löwe getötet und anschließend zerlegt worden war. Ein Jäger wurde in diesem Fall zur Beute eines anderen Jägers.

Es waren aber nicht nur Löwe und Mammut, die in diesem Zeitraum in Tirol ausstarben. Das Gleiche gilt für Säbelzahnkatzen und Auerochsen – die wild vorkommende Stammform des Hausrinds. Übrigens erst 1627 endgültig ausgestorben, als die letzten Exemplare in Polen verschwanden. Außerdem für Wollnashörner und die riesigen Höhlenbären. Deren Länge betrug bis zu 3,5 Meter bei einer Schulterhöhe von ungefähr 1,7 Metern. Also wesentlich größer als Braunbären (2,8 bzw. 1,5 Meter), die heute vom Trentino über Südtirol bis nach Nordtirol bzw. vom Balkan nach Osttirol kommend durch unsere Wälder streifen. Im exakt gleichen Gebiet also, das auch die Heimat der Höhlenbären war, wie Funde aus Kufstein und St. Kassian im Gadertal beweisen. Im dortigen Bärenmuseum kann man ebenso wie im Kufsteiner Festungs- und Heimatmuseum Exemplare bewundern. In Kufstein sogar gleich von drei Individuen. Ebenfalls erste Opfer der sechsten Welle der großen Artensterben wurden die Riesenhirsche, eine Gattung von Hirschen, die eine Schulterhöhe

RIESIGE HÖHLENBÄREN, HEUTE AUSGESTORBEN, LEBTEN EINST IN VIELEN HÖHLEN TIROLS UND SÜDTIROLS.

von zwei Metern erreichte und ein Geweih mit einer Spannweite von 3,6 Metern aufwies. Also um ungefähr ein Drittel größer als heutige Rothirsche. Außerdem der Tarpan, die europäische Unterart des Wildpferds.

Die archäologischen Fundorte, die die einstige Existenz dieser exotischen Tiere hierzulande beweisen, erstrecken sich über ganz Nord- und Südtirol. Löwen- und Hyänenknochen wurden in der Tischofer-Höhle im Kaisertal bei Kufstein entdeckt. Auch in der Conturineshöhle in den Gadertaler Dolomiten in Südtirol wurden Knochen eines Höhlenlöwen gefunden. Hoch oben in rund 2800 Meter Höhe oberhalb von St. Kassian. Ebenso wie eine Vielzahl an Knochen von Höhlenbären. In der Tischofer-Höhle, eine der bedeutendsten Fundstellen ihrer Art überhaupt in Europa, grub man seit dem 19. Jahrhundert Knochen von beinahe 400 Höhlenbären aus. An der ergiebigen archäologischen Fundstelle im Kaisertal fand man zudem acht zu Speerspitzen verarbeitete Tierknochen. Höhlenbären waren auch ein Beutetier der Menschen und die Tischofer-Höhle womöglich sogar ein Jagdrevier der Ur-Tiroler. Möglicherweise wurden dort mit diesen Speerspitzen Bären im Winterschlaf getötet. Auf der gegenüberliegenden Seite des Inntals am Pendling gibt es eine weitere Bärenhöhle. Auch im Halltal unweit von Innsbruck hatten Höhlenbären ihr Revier, wie weitere Knochenfunde beweisen.

In Angerberg im unteren Inntal wurde 1909 ein Wollnashorn-Knochen gefunden. Auch im Etschtal war das Wollnashorn heimisch, wie ein Fund aus Riparo Soman auf der Höhe des Gardasees andeutet. Wie weit Richtung Bozen das Ausbreitungsgebiet tatsächlich war, lässt sich nicht mit Sicherheit sagen. In der

Höttinger Au, mitten im heutigen Innsbruck, entdeckte man einen Mammutknochen. Dieser ist im Innsbrucker Zeughaus ausgestellt. 1936 findet ein elfjähriger Kramsacher Bub in der Brandenberger Ache beim Innspitz den Backenzahn eines Mammuts. 1985 wurde ein weiterer Mammutzahn in einer Schottergrube im nahen Fritzens ans Tageslicht gefördert. Weitere Funde von Mammut-Relikten im Inntal sind aus Wattens, Baumkirchen, Mils, Lans, Radfeld und Kramsach bekannt. In Südtirol sticht ein Fund aus Albeins bei Brixen hervor. Dass es in Nordtirol die meisten Funde gibt, hat damit zu tun, dass mit dem Zurückweichen der eiszeitlichen Gletscher die Alpen von den Großsäugetieren aus den Steppengebieten im heutigen Russland besiedelt wurden. Dabei gelangten sie aus Bayern kommend bis in das Inntal. Italien am Südende der Alpen und von dort aus Südtirol waren für die Tiere ungleich schwieriger zu erreichen.

Was die wenigsten wissen werden – all dies hat nicht nur mit der fernen Vergangenheit zu tun. Heute können wir uns derartige Szenerien zwar nur über eine blühende Fantasie und unter Mithilfe von Bildern verwandter Tiere aus den afrikanischen Steppen vorstellen. Doch die Wissenschaft, die in den letzten 250 Jahren diese ausgestorbenen Arten entdeckt und beschrieben hat, arbeitet an einem utopisch anmutenden Comeback dieser einstigen Mega-Fauna. Zumindest Teile der Wissenschaft und keineswegs der Mainstream. In einem Artikel in einem wissenschaftlichen Fachblatt aus dem Jahr 2021 wird der grundsätzlichen Frage nachgegangen, ob das Völkerrecht es erlauben würde, Gebiete, in denen diese Mega-Fauna ausgestorben ist, mit dieser wieder neu zu besiedeln. Und wie die Bevölkerung Europas darauf reagieren würde. Welche Problematik dies birgt, zeigt bereits im Kleinen die aktuelle Diskussion über die Rückgewinnung des einstigen Lebensraumes von Wolf, Bär und Luchs in Tirol, aber auch in anderen Teilen Europas. Doch wie soll so etwas gehen?

Der Fachbegriff lautet Rewilding. Wenn auch, die Mega-Fauna betreffend, in ihrer extremsten Form. Hintergrund dieser fantastisch anmutenden Ideen bezüglich der seit Jahrtausenden ausgestorbenen Mega-Fauna sind Versuche, mit DNA der ausgestorbenen Tiere und noch lebenden Verwandten lebensfähige Nachkommen zu erschaffen. Vor allem das Mammut betreffend wird in diese Richtung schon länger geforscht. Andere Wissenschaftler bzw. Umweltaktivisten, mit einer oftmals äußerst idealisierten Vorstellung von wilder Natur, plädieren wiederum für eine Wiederherstellung der natürlichen Umwelt in anderer Form. Ein erster Schritt in der Vorstellung dieser Verfechter der Wiederherstellung einstiger Ökosysteme wäre der Versuch, noch nicht ausgestorbene, einst heimische Tiere wieder anzusiedeln. Tirol betreffend würde dies nach Wolf, Bär und Luchs beispielsweise Elche und Rentiere betreffen. Der nächste Schritt wäre dann allerdings äußerst radikal, nämlich die ökologische Nische des seit mehr als 30.000 Jahren ausgestorbenen Europäischen Waldelefanten wieder zu besetzen. Hauptsächlich über Züchtungen aus dem bestehenden Genpool von noch lebenden Verwandten. Auch das Europäische Waldnashorn wird in diese Richtung genannt. Die Frage ist, ob es mehr als nur ein Gedankenexperiment einiger weniger ist oder doch nur Träumerei. Befürworter sehen es als Wiederherstellung der einstigen Natur, die vor allem durch uns Menschen zerstört wurde. Noch ist die Zeit nicht reif, geschieht dies alles im Stillen. Sollte aus den Ideen irgendwann Handfestes werden, dann – das zeigt die gesellschaftliche Diskussion rund um Wolf und Bär – wird es aber spätestens laut. Beim Spaziergang in Tiroler Wäldern statt Hirsch und Reh nach Tausenden Jahren wieder einem Mammut oder Waldelefanten begegnen? Unvorstellbar! Von Löwen und Tigern ganz zu schweigen.

13

Die großen Seuchen

Von der Pest im Mittelalter bis zum West-Nil-Fieber heute

Lautstark ging es am Stammtisch in der Stube des Gasthofes Lamm in Matrei am Brenner an einem Sommerabend des Jahres 1611 zur Sache. Ein bedrohliches Thema beherrschte die hitzige Diskussion der Wirtshausgäste. Ebenfalls anwesend am Stammtisch waren an diesem unheilvollen Abend die Gerichtsherren des Landgerichts Steinach und des Marktgerichts Matrei. Sie sollten in den nächsten Wochen als höchste Amtsträger des nördlich des Brenners gelegenen Wipptals eine wichtige Funktion haben. Die Beteiligten am Tisch ahnten dies und die beiden Richter standen im Zentrum von Forderungen für den Schutz der Bevölkerung. Forderungen, die Stunde um Stunde mit noch größerem Nachdruck an die einflussreichen Hüter des Rechts herangetragen wurden. Jeder der Anwesenden wusste, dass sie die Macht hatten, Unheil abzuwehren. Das Knistern des Kaminfeuers und der ein oder andere Humpen Bier sollten an diesem Abend nicht wie sonst die Gemüter beruhigen. Dichte Qualmwolken aus den Pfeifen der nervös und mit Händen und Füßen argumentierenden paffenden Matreier schwebten unheilvoll über dem wunderschönen, massiven Holztisch. Das sonst wohlige Kaminfeuer strahlte an diesem Abend pure Gefahr aus. Thema war der erneute Ausbruch der Pest. Diesmal beginnend im unteren Inntal. Nicht wie üblich kam die Seuche 1611 aus Südtirol über den Brenner, sondern aus dem Osten über Schwaz, die

Mit schauerlichen Schnabelmasken versuchten sich in den Zeiten der europäischen Pestkatastophen, die Pestärzte vor einer Ansteckung zu schützen.

Bergbauhauptstadt Europas. Knapp mehr als 260 Jahre war es her, als der „Schwarze Tod“ erstmals Tirol entvölkerte. Damals waren so viele gestorben, dass Tirols Bevölkerung starken Zuzug von außen benötigte. Vor allem aus Slowenien waren viele in das Inn- und Etschtal ausgewandert. Ebenfalls Gesprächsthema war die schwere Seuche von 1512, als allein in Innsbruck, das damals keine 5000 Bewohner hatte, 700 Opfer zu beklagen waren. Ein Anwesender, der erst vor ein paar Stunden aus Mils nach Matrei heimgekehrt war, berichtete von dort, dass man überall Wachen aufgestellt hatte, die keine fremde Personen in die Ortschaften ließen, damit die Seuche erst gar nicht eingeschleppt werden konnte. In Mils und dem angrenzenden Hall in Tirol hatte man alle Festlichkeiten abgesagt. Außerdem wurden die Schulen für ein halbes Jahr geschlossen. Die Befürchtungen waren groß, dass der „Schwarze Tod“ wieder furchtbare Ernte einfahren würde. Jeder der Anwesenden kannte grauenvolle Schicksale aus dem Familien- oder Freundeskreis, was die Pest, die zuletzt vor 17 Jahren in Tirol gewütet hatte, bedeutete. Unüblich erst weit nach Mitternacht löste sich die Stammtischrunde im Gasthof Lamm an diesem Abend auf. Aber nicht ohne dass vorher den anwesenden Richtern noch einige Forderungen mit auf den Weg gegeben worden wären.

Das Landgericht Steinach und das Marktgericht Matrei hatten dann am nächsten Tag sofort nach dem ersten Auftreten der Seuche im Unterinntal, möglicherweise angestachelt durch die hitzige Wirtshausdiskussion am Vorabend, Vorkehrungen zu deren Abwehr getroffen. Diese zogen allerdings wie ein Lauffeuer wildeste Gerüchte nach sich. Dem Matreier Rat wurde sogar Übereifer angelastet. In einer Eingabe des Richters an die Regierung in Innsbruck verwahrte er sich laut Pfonser Chronik in ziemlich aufgeregtem Ton und mit Entrüstung gegen die vorgeworfene Angeberei. Als hätte er seine „Untertanen“ angewiesen, sich innerhalb der nächsten drei Tage mit Proviant zu versehen, und

Aufgrund der Klimaerwärmung sind exotische Tigermücken, Überträger von Dengue-, Chikungunya-, West-Nil- und Zika-Fieber, auch in Tirol und Südtirol immer häufiger anzutreffen.

verfügt, niemanden von Hall in Tirol oder Innsbruck passieren zu lassen. Im gleichen Bericht an die Regierung gibt der Rat aber auch Rechenschaft über die durch die Gerichte angesichts der Pestgefahr getroffenen Maßnahmen, die sich hauptsächlich auf das Passieren des Ortes durch fremde Personen beziehen. Da Matrei ein wichtiger Transitort sei, ist den Wirten eingeschärft worden, keine fremden Personen, besonders Schmalzträger, die sich über das Gebirge einschleichen können, ohne Wissen der Obrigkeit zu beherbergen. Der Bevölkerung wurde verboten, von den Schmalzträgern, welche nicht über das durch das Landgericht Steinach überwachte Tuxer Joch, sondern auf anderen Gebirgsübergängen wie über das Naviser Joch herkommen, Schmalz zu kaufen. Weiter wurde den Wirten der Schnapsausschank und der Verkauf von Lebzelten untersagt. Auch wurde verboten, dass Händler Obst vor der Kirche feilbieten dürfen. Mit der Begründung, dass diese Händler möglicherweise von verdächtigen Orten kommen könnten. Die Dringlichkeit der Lage unterstrich, dass sich der Landrichter von Steinach und der Marktrichter von Matrei, obwohl sich die beiden sonst wegen Kompetenzstreitigkeiten nicht selten in den Haaren lagen, für gemeinsame weitere Auflagen aussprachen. Sowohl in Steinach als auch in Matrei sollten etliche Wachen aufgestellt werden, um die Frage der Durchreise vor allem der Pilger, der Bettler und anderer verdächtiger Personen zu regeln. Es sollte sich auch keiner abseits der Hauptstraße nach Südtirol durchschleichen können. Ob nun die Maßnahmen Früchte trugen oder es andere Gründe dafür gab: die Pestepidemie von 1611/12 war die letzte in Tirol. Alle weiteren europäischen Pestepidemien in den nächsten gut 200 Jahren sollten das Land nicht mehr treffen. 1612 hatte also das große Sterben und Leiden, das die damalige Medizin nicht verhindern konnte, glücklicherweise ein Ende.

In Tirol gab es im Mittelalter nur ganz wenige studierte Ärzte. Hauptsächlich am Hof des Landesfürsten in Innsbruck oder am Brixner und Trentiner Bischofshof. Und in einigen großen Orten wie Bozen, Meran oder Hall in Tirol. Die wenigen studierten Mediziner, wegen ihrer Büchergelehrsamkeit als „Buchärzte" bezeichnet, vermieden meist aus Vornehmheit, selbst Patienten zu behandeln. Außer die Wohlhabenden. Ihnen stand eine große Zahl von sogenannten „Badern" gegenüber, die Badehäuser und

-stuben führten, aber dort auch medizinisch tätig waren. Sie erlernten die ärztliche Heilkunst über eine handwerksmäßige Ausbildung, eine Art Lehre. Dabei lernte man hauptsächlich Zähne ziehen, die Behandlung von Knochenbrüchen und Verrenkungen sowie die Versorgung von offenen Wunden.

Neben den Badern arbeiteten in Badehäusern zudem oft auch Barbiere. Diese Friseure, meist ganz einfach „Scherer" genannt, erlernten in vielen Fällen ebenfalls die einfache Heilkunst. Die Bader und Barbiere bekämpften Krankheiten hauptsächlich mit Aderlassen und Schröpfen sowie Laxieren. So nennt man das Eingeben von Abführmitteln. Die Bader und Barbiere waren es, die sich in dieser Zeit hauptsächlich um Pesterkrankte kümmerten. Die hauptsächliche Methode, die bei der Pestbehandlung angewandt wurde, stammte aus dem beschränkten Chirurgiewissen der Bader und Barbiere. Sie schnitten dabei die äußerst schmerzhaften Pestbeulen auf und brannten sie aus. Da jedoch die Angst vor einer Ansteckung groß war, blieben die Dahinsiechenden meist auf sich selbst gestellt. Einzig die Familie kümmerte sich um sie. Was dazu führte, dass immer wieder ganze Familien ausstarben, wenn die Pest einmal ins eigene Haus eingezogen war. In den ersten 150 Jahren der Pestepidemien wurden so viele Arzneien zur Bekämpfung der Pest erfunden, wie für keine andere Krankheit zuvor. Und für diese Arzneien wurde viel Geld verlangt, obwohl sie – aus heutiger Sicht – maximal lindernden Effekt hatten. Meist gar keinen. Abgesehen davon, diese Arzneien konnte sich weder ein Bauer aus Kaltern noch ein Tischler aus Landeck noch ein Maurer aus Lienz leisten. Der Großteil der Tiroler Bevölkerung griff auf Hausmittel zurück. Das Heilkräuterwesen war damals in allen Bevölkerungsschichten weit verbreitet, aber ausschließlich eine Sache der Frauen.

Und dann kam noch geistige Hilfe von der Kirche. Vor allem in Form von Gebeten und dem Erflehen von Gottes Hilfe. Oftmals

In einem Gemälde, das die Piazza Mercatello in Neapel während der Pest von 1656 zeigt, wurden die Zustände bei den Pestkatastrophen eindrucksvoll festgehalten.

stand dabei aber Kirchenpolitik im Wege. Denn im Mittelalter forderte die Kirche unter strengsten Vorschriften, dass schwer Erkrankte zuerst für ihr Seelenheil zu sorgen und sich erst danach um ihr körperliches Wohl zu kümmern hätten. Dabei herrschte eine strikte Rangfolge. Mit einem Bann bei Verstößen. Ein Arzt, der vor dem Priester zu einem Patienten kam, durfte diesen dann so lange nicht mehr besuchen, bis der Priester Zeit fand vorbeizukommen. Seele vor Körper eben. Und es gab noch eine Institution, die gegen die Pest kämpfte. Die Gerichte. Und deren „Kur“ war wohl die hilfreichste. Sie sah wie folgt aus: Richter erließen im Auftrag der Regierung in Innsbruck Verfügungen, die die Sperrung eines infizierten Hauses sowie ein

Kontaktverbot mit Erkrankten beinhalteten. Also Quarantäne, um eine Ausbreitung zu verhindern.

Die große Pestepidemie von 1348 brachte also unvorstellbares Leid, aber wenig zielführende Hilfe für die Menschen im Etsch-, Drau- oder Inntal. Bereits im Frühsommer des ersten Jahres der fünf Jahre währenden Epidemie war Osttirol betroffen. Die Seuche fiel aus der Schwarzmeergegend kommend über Kärnten und die Steiermark in Lienz ein. Gleichzeitig breitete sich die Seuche auch von Oberitalien nordwärts aus. In Trient gab es ebenfalls im Frühsommer, im Juni, die ersten Toten. Im September hatte die Pest das Stift Marienberg im obersten Vinschgau erreicht, wie Klosteraufzeichnungen schildern. Ganz besonders schlimm erwischte es die Ortschaften auf der damals schon stark frequentierten Brenner-Route über das Etsch-, Eisack, Wipp- und untere Inntal. Reisende schleppten die Pesterreger immer wieder aufs Neue vom Süden, meist aus den großen norditalienischen Hafenstädten, ein. Im Wipptal, nördlich wie südlich des Brenners, wurden laut Aufzeichnungen des Klosters Neustift in Vahrn zwei Drittel der Bevölkerung ausgelöscht. Als letzte große Tiroler Städte erreichte die Pest über den Brenner im Spätsommer Innsbruck und Hall in Tirol. Ins obere Inntal gelangte der Pesterreger etwa zeitgleich aus dem Vinschgau. Die Ausbreitung der Seuche durch Reisende über die klassischen inneralpinen Handelswege über den Brenner und Reschen ist auffällig.

Laut Karl Schadelbauer, ein aus Gossensaß stammender und in Innsbruck praktizierender Mediziner und Historiker, trat die Pest nach kleineren oder größeren Zwischenpausen immer wieder auf. 1361 zeigte sie eine gleich hohe Sterblichkeit wie das erste Mal und 1371 zog sie neuerlich von Ort zu Ort. Die nächste Epidemie hat dann zwei Jahre lang, von 1373 bis Ende 1374 gewütet. Sie forderte in Trient besonders zahlreiche Opfer unter Kindern, von denen neun von zehn starben. Die Erwachsenen verloren zumeist das Gedächtnis. Schadelbauer zitiert in diesem Zusammenhang den griechischen Geschichtsschreiber Thukydides, der in seiner klassischen Schilderung der Pestepidemie die im Jahr 430 v. Chr. in Athen herrschte, festhielt: „Manche konnten sich nach dem Aufstehen an nichts mehr erinnern und es kam so weit, dass sie nichts mehr von sich und ihren Angehörigen wussten.“ Diese Bemerkungen lassen die Vermutung aufkommen, dass es sich bei dieser Epidemie wie auch jener von 1373 in Tirol in Wirklichkeit um Flecktyphus gehandelt hat, das bekannt für seine heftigen Delirien und Wahnideen ist. Von 1360 bis 1494 wurden 15 Epidemien gezählt. Von 1518 bis 1525 herrschte eine der längsten durchgehenden Pestwellen. Weiter ging es 1550, 1560, 1566, 1574, 1589, 1592 bis 1594, 1611/12. Die Pestepidemie, welche 1611/12 zuerst weite Teile Nordtirols heimgesucht hatte, nahm ihren Ausgang untypisch in Schwaz (erster urkundlich belegter Infizierter) und verbreitete sich über Hall in Tirol und Innsbruck ins Wipptal und weiter nach Südtirol. Wahrscheinlich durch einen Knappen in Schwaz eingeschleppt, der in der Haller Silbermine angeheuert hatte. Damals der größte Silberbergbau der Welt mit Arbeitern aus allen Teilen Europas. Zu weiteren schweren Epidemien kam es abseits von Tirol 1628 bis 1631, 1635, 1656, 1663 und 1665 bis 1666. Die sogenannte „Große Pest von 1708 bis 1714“ war eine der schwersten, aber die letzte der großen Pestepidemien.

Viren und Bakterien haben die Menschheit seit Urzeiten heimgesucht. Bereits die berühmten Geschichtsschreiber der Antike wie etwa der zuvor genannte Thukydides, aber auch Herodot oder Hippokrates belegen, dass schon die frühen Zivilisationen der Menschheitsgeschichte unter Infektionskrankheiten zu leiden hatten. All diese Krankheiten wurden unter dem Sammelbegriff „Pest“ (der Wortstamm „pestis“ stammt aus dem Lateinischen und bedeutet übersetzt „Seuche“) zusammengefasst, was es heute schwierig macht, aus alten Aufzeichnungen herauszulesen,

PEST, MASERN, TYPHUS, DENGUE-FIEBER UND POCKEN SORGTEN IN EPIDEMIEN FÜR HUNDERTTAUSENDE TOTE.

welche Arten von Seuchen die Menschen jeweils wirklich heimsuchten. Der Begriff „Pest" bedeutete also über viele Jahrhunderte nicht zwangsläufig, dass es sich dabei um die wirkliche Pest gehandelt hatte. Auch Masern, Typhus, Dengue-Fieber oder Pocken sorgten in Epidemien für Hunderttausende Tote. Und – im Mittelmeerraum war auch die Malaria, vor allem in Italien, damals eine einheimische und keine exotische Krankheit. Wenn heute vom tödlichen Zug der Pest durch Europa die Rede ist, dann gilt das Ereignis von 1348 als Beginn der Geisel Pest, so wie wir sie heute kennen. Für diese Epidemie ist zweifelsfrei belegt, dass es sich um die Beulenpest gehandelt hatte. Und sie traf die Menschen völlig überraschend. Denn das frühere Auftreten der Pest war rund 500 Jahre zuvor im 8. Jahrhundert abgeebbt. Den Grund können sich Medizinhistoriker bis heute nicht erklären. Das hatte zur Folge, dass im 14. Jahrhundert die Pest als Bedrohung aus dem kollektiven Gedächtnis der Menschheit verschwunden war. Das schreckliche Ereignis ab 1348, das in manchen Gegenden erst vier Jahre später zu Ende war, traf daher ganz Europa völlig überraschend. Zwischen einem Drittel und der Hälfte der europäischen Bevölkerung ereilte der Tod. In Zahlen: Je nach Schätzung starben bis zu 27 Millionen Menschen. Vor dem Pestausbruch lebten etwa 54 Millionen Menschen in Europa. 100 Jahre später waren es 37 Millionen Menschen. Erst im 16. Jahrhundert erreichte Europas Bevölkerung wieder 54 Millionen Einwohner wie vor dem Seuchenausbruch. Mit der sogenannten „Großen Pest von 1708 bis 1714" endete die Schreckensherrschaft dieser Krankheit in Europa. Ab diesem Zeitpunkt traten keine Ausbrüche im großen Stil mehr auf. Den letzten kleineren Pestausbruch gab es während des Zweiten Weltkriegs. Gegenwärtig existiert der Pesterreger in Europa nicht mehr. Es sollte rund 100 Jahre dauern, bis eine andere Krankheit für massenhaft Tote in Europa sorgte. Die Cholera. In mehreren Epidemien wütete sie bis von 1817 bis 1892. Die letzte große Pandemie war dann die „Spanische Grippe". Sie forderte 1918 und 1919 während des Ersten Weltkriegs weltweit 25 Millionen bis 100 Millionen Tote. Damit starben an dieser Influenza-Pandemie mehr Menschen als im Weltkrieg durch Kriegshandlungen, rund 17 Millionen Tote.

Von der Vergangenheit in die Gegenwart. Für die menschliche Gesundheit waren Infektionskrankheiten also über weite Zeiträume eine große Herausforderung. Bis Mitte des 20. Jahrhunderts waren sie Todesursache Nummer eins. Weltweit. Diese Zahlen sind stark zurückgegangen. Stellt sich die Frage, ob dies so bleiben wird. Professor Günter Weiß, Leiter der Innsbrucker Universitätsklinik für Innere Medizin II, gibt einen Überblick über den aktuellen Stand von Infektionskrankheiten in Süd-, Ost- und Nordtirol und wagt einen Ausblick. Der Grund, warum Infektionskrankheiten zurückgegangen sind, sind eine verbesserte Hygiene. Einfachstes Beispiel ist sauberes Wasser. Eine generell bessere Ernährung der Menschen und die Fortschritte in der Medizin tragen weiters dazu bei. Alles Dinge, an denen es den Pest-geplagten Tirolern früherer Generationen fehlte. „Ein wesentlicher Faktor dabei sind auch Impfungen und einige sehr effektive Therapien. Beispielsweise durch Antibiotika", erzählt der Immunologe. Um dann aufhorchen zu lassen: „Trotz dieser Fortschritte stirbt ein Viertel aller Menschen weltweit heute noch unmittelbar durch Infektionskrankheiten. Das sind ca. 20 Millionen Tote pro Jahr."

Die Herausforderung für die Medizin heute ist vor allem, dass einige ihrer Waffen stumpf werden. Etwa die Antibiotika durch Resistenzen bei Bakterien. „Und diese Tendenz steigt. In 20 Jahren werden an Infektionen durch multiresistente Erreger mehr

Menschen sterben als an Tumoren." An Sepsis sterben heute bereits 20 Prozent der Patienten einer schwer verlaufenden Infektion. Trotz Behandlung. Bei einer Lungeninfektion gilt Ähnliches. Dort sterben ca. zehn Prozent der Patienten. Die Rückkehr von Diphtherie, Masern oder Kinderlähmung ist zudem ein großes Thema. „Die Erreger dieser Infektionskrankheiten sind nicht ausgerottet. Auch wenn Fälle von diesen Krankheiten bei uns lange Zeit kaum noch vorgekommen sind. Der Grund der Rückkehr ist einfach und hat sehr stark mit einem Rückgang der Impfraten zu tun. Beispielsweise bei Masern liegt diese heute bei unter 80 Prozent. Vor 50 Jahren, als diese Krankheiten noch verbreitet waren, hat jeder die Folgen bei Erkrankten in seinem Umfeld selbst sehen können. Deshalb gab es eine hohe Impfbereitschaft und letztlich eine hohe Durchimpfungsrate in der Bevölkerung. Aufgrund der heute gesunkenen Impfbereitschaft werden wir künftig immer wieder Ausbrüche sehen", erklärt Günter Weiß.

Immer wieder tauchen neuerdings auch exotische Erreger auf. Zusätzlich getrieben durch die Globalisierung und die Klimaerwärmung. Manche Infektionskrankheiten werden durch Vektoren übertragen. „Ein Beispiel dafür ist die asiatische Tigermücke. Mittlerweile bei uns heimisch. Früher waren diese Überträger von Malaria, Dengue-Fieber oder des Zika-Virus nur in den Tropen verbreitet. In Südtirol sind sie mittlerweile normal und in Nord- und Osttirol sind sie auch immer häufiger anzutreffen." Die Klimaveränderung hin zu wärmeren Temperaturen sorgt auch bei uns für Veränderungen, was Erkrankungen ausgelöst durch exotische Viren betrifft. Ein markantes Beispiel ist das afrikanische West-Nil-Virus, das bereits in Italien Einzug gehalten hat. Übertragen durch die Tigermücke, die auch in Südtirol vorkommt.

Der medizinische Mikrobiologe Reinhard Würzner von der Medizinischen Universität Innsbruck erzählt, wie diese Viren überhaupt nach Mitteleuropa kommen können und wie sie sich hier verteilen. „Die asiatische Tigermücke, die mittlerweile in Südtirol weit verbreitet ist, ist ein sogenannter Vektor, der, einmal mit dem Virus infiziert, dieses verteilen kann. Das Virus selbst, in unserem Beispiel das West-Nil-Virus, gelangt über Zugvögel zu uns. Finken und Spatzen sind mögliche Virenwirte“, so Reinhard Würzner. „Bis 2022 sind rund 1000 Fälle in Europa – ca. 600 aus Italien und 300 aus Griechenland – bekannt. In Italien gab es bereits 37 Tote, in Griechenland starben 31 Menschen.“ Hat sich das Virus in Südeuropa endgültig etabliert, wird es sich, wenn die Temperaturen passen, immer weiter nach Norden ausbreiten.

Doch wo in Südtirol tummeln sich Tigermücken? Zwischen April und Oktober beobachtet das Biologische Labor der Landesagentur für Umwelt und Klimaschutz die Verbreitung der Tigermücke. Dazu werden in öffentlichen Grünanlagen Eiablagefallen aufgestellt, die ein ideales Umfeld für die Eier der Tigermücke bilden. „Die Anzahl der abgelegten Tigermückeneier liefert wertvolle Hinweise zum Vorkommen und zur Intensität des Auftretens an den verschiedenen Monitoring-Stellen und erlaubt somit auch Rückschlüsse auf die Gesamtverbreitung des Insekts“, berichtet Alberta Stenico, Direktorin des Labors. „In den vergangenen zehn Jahren, seit Beginn des Monitorings im Jahr 2013, hat sich die mittlere Anzahl an Eiern in den Eiablagefallen beinahe verzehnfacht. Am stärksten betroffen sind die Haupttallagen von Meran bis Salurn, das Unterland und das Eisacktal bis Vahrn.“ In Italien wies man Tigermücken zum ersten Mal 1990 in Genua nach. 1991 gab es einen weiteren Nachweis südlich von Padua. Im Trentino fand man sie 1996 erstmals bei Rovereto. Für Südtirol weiß man nicht genau, wann der Exot zugezogen ist. In Bozen wurde man aber im Spätsommer 2010 durch eine Mückenplage auf dessen Präsenz aufmerksam.

Das zweite Virus im Bunde der exotischen Einwanderer lautet auf den Namen Chikungunya. Dies heißt in der Sprache des Makonde in Tansania so viel wie „der gekrümmt Gehende“. Ein Hinweis auf die starken Gelenksschmerzen bei einer Infektion. Das Virus stammt ursprünglich aus Indien und Südostasien, aber auch aus Afrika. 2007 sorgte es erstmals für Schlagzeilen. Rund 200 Personen erkrankten in Ravenna. Verbreitet wird das Virus durch die ägyptische Gelbfiebermücke. Sie ist u.a. in ganz Italien heimisch geworden. Diese Mücke überträgt auch Dengue-Fieber. Das dritte Beispiel für den Vormarsch von Exoten ist das Krim-Kongo-Fieber, das von der Hyalomma-Zecke verbreitet werden kann. Diese afrikanische Riesenzecke, etwa doppelt so groß wie die heimische Art, ist ebenso wie die Tigermücke ein Einwanderer. Ebenfalls dank Klimaerwärmung.

14

Der tödliche Klimawandel

Wie Schneekanonen zum Lebensretter für Hermeline werden

Die Leidenschaft von Franziska, eine kürzlich pensionierte Wildtierbiologin, ist es, durch die Berge Süd-, Ost- und Nordtirols zu streifen. Abseits von wissenschaftlicher Arbeit, ganz einfach die Fauna des Landes zu beobachten, die vielen Einblicke ins Tierreich zu genießen. Ohne immer an Zahlen und Daten denken zu müssen. Eines ihrer Lieblingstiere ist das Hermelin. Und just an diesem wunderschönen Spätherbsttag erblickte sie auf einer Tour eines dieser Tiere. Es war gerade aus einem hohlen Baumstamm geschlüpft. Das Hermelin hatte bereits sein für diese Jahreszeit typisches schneeweißes Fell. Doch Schnee war weit und breit keiner zu sehen. Gerade deshalb hatte Franziska das Tier wohl auch so schnell erblickt. Das wunderschöne Wiesel hob sich markant von seiner Umgebung ab. Das Tier war nach einer Runde Schlaf sichtlich auf Nahrungssuche. Dies war aber auch ein mächtiger Steinadler, den Franziska noch gar nicht wahrgenommen hatte. Hoch über ihrem Kopf kreiste er, auf der Suche nach Beute. Plötzlich kreiste der Adler immer engere Schleifen. Er schien ein Beutetier entdeckt zu haben. Franziska beobachtete derweilen immer noch mit einem Lächeln auf den Lippen das Treiben des Hermelins. Plötzlich stach der Adler mit eingelegten Schwingen

Der Klimawandel gefährdet den Hermelinbestand in den Alpen. Wenn da nicht Lebensretter in Form von Schneekanonen wären ...

mit dem Kopf voran in die Tiefe. Kurz über dem Boden fing der Greifvogel den Sturz elegant mit sachte auseinandergefalteten Flügeln wieder ab. Franziska erschrak, als der Adler in ihrem Gesichtsfeld urplötzlich auftauchte. Sekundenbruchteile später packte der Steinadler das Hermelin. Seine Krallen bohrten sich wie Lanzen tief in das kleine weiße Fellbündel. Das Hermelin war sofort tot. Der Adler entschwebte mit seiner Beute. Franziska hatte ein Schauspiel erlebt, das Menschen selten zu Gesicht bekommen. Die Tarnfarbe, die das Wiesel hätte schützen sollen, war sein Untergang. Mit Leichtigkeit hatte der Adler sein Beutetier vom Himmel aus entdeckt. Derartige Situationen häufen sich mittlerweile in den Tiroler Bergen. Während die Hermeline pünktlich im Spätherbst ihre Fellfarbe ändern, ist jemand anderes unpünktlich. Der Schnee des einbrechenden Winters. Der Klimawandel lässt grüßen. Der erste Schnee, früher Ende Oktober/Anfang November garantiert, fällt immer später. Einer der Hauptgründe, dass Hermeline bei uns immer seltener werden.

Doch in gewissen Gegenden Tirols kommt für die Hermeline Rettung aus völlig unerwarteter Richtung. Man kann keineswegs behaupten, dass Schneekanonen, auch eine drastisch zunehmende Erscheinung aufgrund des Klimawandels, nicht großer Kritik ausgesetzt wären. Aber wie ein Sprichwort sagt, alles Schlechte hat auch seine guten Seiten. Für Schneekanonen gab es nämlich nun ein erstaunliches Lob aus den Reihen der Wissenschaft, genauer gesagt der Wildtierbiologie. Florian Bossert, Wildtierbiologe des bayerischen Landratsamtes Miesbach, berichtete zuletzt von erstaunlichen Beobachtungen aus Tirol. Hermeline, die ihr Revier im Bereich von Schneekanonen haben, haben eine bessere Überlebenschance, da sie dort im Kunstschnee weniger von Feinden entdeckt werden. Wer hätte das gedacht, Schneekanonen als Lebensretter des Hermelins. Die durchschnittliche Lebenserwartung eines Hermelins beträgt im Regelfall zwei Jahre. Das liegt an den vielen Fressfeinden. Ohne diese könnten Hermeline ein Alter von über sieben Jahren erreichen. Vielleicht verbessern nun die Schneekanonen diese Statistik zugunsten der Hermeline. Zumindest in jenen Hermelin-Revieren, wo auch Schneekanonen stehen. Andernorts sieht es trist aus für die kleinen Alpenbewohner.

Es ist ungefähr 11.000 Jahre her, als die letzte Eiszeit Tirol in ihrem eisigen Griff hatte. 90.000 Jahre lang dominierten riesige Gletscher das Land südlich wie nördlich des Brenners (siehe auch Kapitel 11). Seit dieser Zeit steigen die Temperaturen in unseren Breitengraden wieder. Nur kurz unterbrochen von der sogenannten Kleinen Eiszeit, eine Periode relativ kühlen Klimas vom Anfang des 15. Jahrhunderts bis in das 19. Jahrhundert. Und die steigenden Temperaturen sind heutzutage in aller Munde: der Klimawandel. Abseits der Schlagzeilen, wenig diskutiert, erweist sich dieser für viele Tierarten in den Alpen als tödlich. Jedoch – es gibt im Tierreich auch Gewinner der aktuellen klimatischen Änderungen. Aber dazu später. Worauf sich die Menschen in den Bergen Tirols aber einstellen müssen, was Fauna und Flora betrifft, ist, dass ein großer Wandel im Gange ist. Wälder werden wieder, so wie früher schon, größere Höhen erreichen (siehe auch Kapitel 6). Im Tierreich werden verschiedene Arten verschwinden, andere dafür dazukommen. Für viele bekannte Tierarten wie Steinbock, Schneehuhn, Schneehase oder Hermelin, auch Gämsen, kann der Klimawandel katastrophal enden. Sie sind Kälte- bzw. Tarnspezialisten. Und diese Talente sind immer weniger gefragt. Erweisen sich in Zeiten des Klimawandels sogar als gefährlicher Bumerang. Eine Katastrophe im Stillen für die Artenvielfalt. Meist unbemerkt von den Menschen.

Ein Paradebeispiel für die Verlierer ist das Hermelin. Im Herbst wechseln Hermeline die Farbe ihres Pelzes. Sie werden dann schneeweiß. Ein Schutz vor Fressfeinden. Eine Tarnung in den verschneiten Berghängen der Alpen. In Zeiten des Klimawandels wird ihnen ihr Winterkleid aber immer öfter zum Verhängnis. Wenn der Schnee fehlt. Das Winterkleid machte sie früher begehrt. Bei Kaisern und Königen. Keiner, der nicht einen Pelz aus Hermelinfell trug. Begehrt sind Hermeline aber auch immer öfter bei ihren Fressfeinden. Hermeline haben sich bestens an die einst schneereichen Winter in den Bergen angepasst. Mit ihrem weißen Winterfell waren sie vor ihren Feinden, vor allem Greifvögeln, Eulen, Füchsen und Dachsen, gut geschützt. Doch wenn früher meist ab dem Spätherbst die Berge in höheren Lagen in weißer Pracht glänzten, sind mittlerweile bis in den Dezember hinein oft Erdfarben dominierend. Diese schneelosen Herbst- und Winterwochen sind für die weißen Hermeline äußerst gefährlich. Die Wiesel sind dadurch für ihre Feinde nicht wie von der Natur beabsichtigt schlechter, sondern ausgesprochen gut zu sehen. Greifvögel, Eulen, Füchse und Dachse, aber auch die verwandten, jedoch größeren Steinmarder, freut es. Die Hermeline natürlich nicht. Stellt sich die Frage, warum Hermeline trotz des fehlenden Schnees ihr weißes Winterfell bereits im Herbst erhalten. Diese verhängnisvolle Wandlung ist leicht erklärt. Der Wechsel von braunem auf weißes Fell ist laut Wissenschaftlern nämlich nicht an die tatsächliche Farbgebung der Umgebung, sondern an die Länge des Tages gekoppelt. Werden die Tage kürzer, werden die Hermeline weiß. Egal ob Schnee liegt. Obwohl – im Süden der USA wurde von Forschern bereits festgestellt, dass sich dortige Hermeline immer später bis gar nicht mehr weiß färben. Ähnliches spielt sich in Irland ab. Die dortigen Schneehasen werden nicht mehr weiß im Winter. Vergleichbares wird auch bei uns beobachtet. Bei heimischen Schneehasen, die in tieferen Lagen leben, vermissen Forscher ebenfalls immer öfter das weiße Winterfell. Außerdem – Südtiroler Schneehasen tragen das Winterweiß wesentlich kürzer als deren Artgenossen in Nordtirol. Die Evolution lässt grüßen.

Wenig Schnee bedeutet aber auch für andere Tiere in unseren Bergen Gefahr. Doch woran liegt es, dass milde Winter beispielsweise

Das Statussymbol schlechthin beim europäischen Adel waren einst Roben aus dem Fell von Hermelinen.

für das Alpenschneehuhn (oder auch für Birk- und Auerhühner) weitaus gefährlicher sind als klirrende Kälte, Eis und viel Schnee? Das Alpenschneehuhn verschläft im Winter viel Zeit in seiner Schneehöhle. Gut isoliert und geschützt vor Wetter und Feinden. Nur zur Nahrungssuche kommt es heraus. Da es aber sein weißes Wintertarnkleid trägt, ist es nun auf schneelosen Böden wie die Hermeline besonders gut für seine Fressfeinde zu sehen. Für die genannten Raufußhühner gilt zudem: Ohne Schneehöhlen müssen die Minusgrade im Freien überstanden werden. Das zehrt an den Kräften. Dazu kommt noch ein weiteres, bizarres Problem. Die winterliche Nahrung von Schneehuhn, Birkhuhn und Auerhuhn besteht hauptsächlich aus Nadeln der heimischen Nadelbäume. Und um diese karge Kost besser verdauen zu können, schlucken das Alpenschneehuhn und seine Verwandten Steinchen. Dadurch sind sie in den Wintermonaten bis zu einem Drittel schwerer als im Sommer. Und da sie von Haus aus keine begnadeten Flieger, sondern eher Flatterer sind, ist es mit dem Thema einer erfolgreichen Flucht vor Feinden schnell vorbei. Und zwar sehr oft final, wie es ebenso ist für leichte Beute.

Warme Winter setzen auch Haselmäusen, Garten- und Siebenschläfern stark zu. Aufgrund der warmen Tage wachen sie öfter aus dem Winterschlaf auf. Dadurch wird dann viel der gespeicherten Energie verbraucht. Im weiteren Verlauf des Winters, wenn dann wieder klirrende Kälte einsetzt, fehlt diese, um ein Überleben bis ins Frühjahr zu garantieren. Bei den Beständen von Murmeltieren bemerken Experten an manchen Orten bereits einen Rückgang der Population. Denn Murmeltiere sind auf Schnee ebenfalls angewiesen, wenn auch aus anderen Gründen. Denn – „Schutz bietet speziell lockerer Schnee, wie er bei Minusgraden fällt. Dann ist Luft eingeschlossen und das wirkt wie eine Daunendecke", erklärt Wildtierbiologe Klaus Hackländer, Leiter des Instituts für Wildbiologie und Jagdwirtschaft der Universität Wien. Doch zuletzt gab es oft nur kurzlebigen Schnee – oder gar keinen. Und mangels Schnees fehlt die Isolationsschicht beim Winterschlaf im Bau. Zum Verhängnis wird all den genannten Tieren (und auch anderen) am Ende also, dass sie sich zu gut an kalte Winter angepasst haben. Die entscheidende Frage ist aber, ob die Tiere mit dem Tempo des Klimawandels erfolgreich mithalten können.

Das gilt auch für Steinböcke. Vor 200 Jahren waren Steinböcke in den Alpen beinahe ausgerottet. Nur an die 100 Stück wurden im italienischen Gran-Paradiso-Gebiet noch gezählt. Nur diese Restpopulation war Anfang des 20. Jahrhunderts in den Jagdgebieten der italienischen Könige von Savoyen in Piemont und in Aosta erhalten geblieben. Die intensive Bejagung hatte dazu geführt, dass es Anfang des 19. Jahrhunderts in Tirol keinen einzigen Steinbock mehr gab. 1953 startete die Steinbock-Wiederansiedlung in Nordtirol, beginnend im Pitz- und Kaunertal. Heute, mehr als 70 Jahre später, konnten im Rahmen der jährlichen Steinwildzählung in Nord- und Osttirol wieder knapp 6000 Stück gezählt werden. Rund 1200 Steinböcke leben heute wieder im Nationalpark Stilfser Joch. In Südtirol gibt es auch in den Ötztaler Alpen an der Nordseite des Vinschgaues, in der Sesvennagruppe und in den Stubaier Alpen um den Brenner nochmals ca. 1100 Tiere. Doch nun droht wieder Gefahr für die majestätischen Kletterspezialisten. Egal auf welcher Seite des Brenners. Denn die Tiere sind darauf ausgelegt, kühlen Temperaturen zu widerstehen. Sie benötigen dafür aber auch kühle Temperaturen. 20 Grad minus machen Steinböcken nichts aus, aber ab 12 Grad plus bekommen die Tiere große Probleme. Was dies bedeutet, zeigt die Steinbockkolonie im Großraum Innsbruck, die im Gebiet zwischen Bettelwurf und Nordkette bis zum Großen Solstein im Westen des Karwendelgebirges beheimatet ist. Im Winter trifft man die Tiere auch in den Niederungen des Halltals an. Doch nicht im Sommer. Die Tiere wandern in die höheren Lagen, wo es kühler ist, um Hitzestress zu entgehen.

Im Sommer sind die Tiere daher am höchsten Punkt anzutreffen, dem Gebiet des 2637 Meter hohen Großen Solsteins. Doch es besteht die Gefahr, dass diese Höhen bald nicht mehr für ein Überleben ausreichen, wenn die Temperaturen weiter steigen. Denn diese begünstigen Krankheitserreger. „Die Räude ist eine Faktorenkrankheit", erzählt der Wissenschaftler Gunther Gressmann vom Naturraummanagement des Nationalparks Hohe Tauern, wo es ein ähnliches Problem gibt. „Viele Tiere tragen die Erkrankung in sich, aber nur, wenn mehrere Faktoren zusammenkommen, bricht sie aus. Der Klimawandel ist solch ein Faktor, weil er die Tiere unter Hitzestress setzt und die Abwehrkräfte schwächt. Sie gehen erst in der kühleren Nacht auf Nahrungssuche und bringen sich damit um den Schlaf. Das begünstigt dann Ausbrüche der Räude. So erklärt man sich die Häufung der Krankheitswellen in den vergangenen Jahren", meint Experte Gunther Gressmann. Im Hochgebirge angekommen ist mittlerweile aufgrund der höheren Temperaturen auch der Rote Magenwurm. Er wurde bereits in heimischen Steinbockbeständen nachgewiesen. Der Parasit schwächt die Tiere und führt im schlimmsten Fall zum Tod. Der höchste Gipfel im Karwendel ist die Birkkarspitze mit 2749 Metern, gerade einmal 100 Meter höher als der Große Solstein und daher auch keine Fluchtoption für hitzegestresste Karwendel-Steinböcke. Besser sieht es vorerst für die Kolonien in den Ötztaler Alpen aus, wo die Berge weitaus höher sind.

Doch wie bereits erwähnt, gibt es auch Gewinner des Klimawandels, die immer häufiger in unseren Bergen und Tälern auftauchen. Kennen Sie etwa den Bienenfresser? Es wird Zeit, diesen wunderschönen, bunten, fast schon papageienfarbenen Singvogel näher kennenzulernen. 1921 gab es erste Berichte über diesen Vogel aus Südtirol. Damals wurde er am Schlern gesehen. Mittlerweile wurden immer wieder einzelne Exemplare dieser Zugvögel auf der Durchreise über Alpenpässe beobachtet. Die Alpen scheinen also immer weniger zum witterungsbedingten Hindernis für diese wärmeliebenden Vögel zu werden. Doch damit nicht genug. Seit Kurzem gibt es auch einen ersten Brutnachweis. Anstatt weiter nach Norden zu ziehen, ließ sich ein Pärchen in Naturns im Vinschgau nieder und wurde dort sozusagen für den Sommer heimisch, ehe es im Herbst wieder Richtung Süden ging. Aber nicht nur aus Südtirol gibt es derartige Berichte. In Nordtirol wurden Bienenfresser beispielsweise in Inzing gesichtet. Am weitesten ist Osttirol, was Tiroler Bienenfresser betrifft. Dort wurde bereits im Jahrhundertsommer 1983 bei Lavant ein Brutnachweis für diese gefiederten Wärmeliebhaber erbracht. Und dies war keine Eintagsfliege. In den letzten 40 Jahren konnte man die bunten Verwandten von Eisvogel und Wiedehopf, die schon immer in Tirol gebrütet haben, im Drautal immer öfter beobachten.

Ein Paradebeispiel für Klimawandelgewinner unter Großwild ist das Wildschwein. Das sogenannte Schwarzwild, in Italien weit verbreitet, erobert immer öfter aus dem Süden kommend Südtirol. Auch wenn sie derzeit nur vereinzelt auftreten, ist die Tendenz steigend. Dass die Zahl der Südtiroler Wildschweine nicht rasant ansteigt, was eigentlich der Fall sein müsste, erklärt der Geschäftsführer des Südtiroler Jagdverbandes Benedikt Terzer: „In Südtirol gibt es seit 30 Jahren die Devise der Landesregierung, den Auftrag sozusagen an die Jägerschaft, dass das Land frei von Wildschweinen gehalten werden soll. Und bis dato hat das recht gut funktioniert." In den letzten Jahren erlegte die Südtiroler Jägerschaft Jahr für Jahr ungefähr ein Dutzend Wildschweine. Auch bei Autounfällen sind immer öfter Wildschweine der Auslöser. Was kommt, zeigen die Zahlen des Trentino. Dort wurden laut Benedikt Terzer 1990 24 Wildschweine erlegt. Zuletzt waren es 40-mal so viel. Ähnliches Bild im Norden. Kaum ein Nordtiroler hat beim Wandern jemals ein Wildschwein gesehen. Warum auch, die Art ist hier nicht heimisch. Doch das ändert sich auch nördlich des Brenners gerade drastisch. Wildschweine zieht es durch den Klimawandel vermehrt in die Nordtiroler Berge. Hierzulande pflügen sie mittlerweile auf der Suche nach Nahrung ganze Almflächen um. Der Grund: Durch die milderen Winter gibt es im Boden mehr Insekten. Eine wichtige Nahrungsquelle des Schwarzwilds. Deshalb erobern Wildschweine auch immer mehr Teile von Nordtirol. Bis hinauf an die Waldgrenze und die Almen. Der aktuelle Bestand wird noch auf unter 100 Tiere geschätzt. Sie wandern aus Bayern ein und treten hauptsächlich in den Bezirken Kitzbühel und Kufstein sowie im Außerfern auf. Mittlerweile wurden aber bereits auch im Karwendel Wildschweine gesichtet. Während also den Steinböcken dort aufgrund des Klimawandels das Verschwinden droht, siedeln sich Wildschweine neu an.

Die nasse Apokalypse

Überschwemmungen, Murenabgänge, Gletscherseeausbrüche und Tsunamis

Bohuslav von Widmann war einer der wichtigsten Beamten im österreichischen Habsburgerreich. Der aus Olmütz stammende kaiserliche Statthalter von Tirol und dem Kronland Vorarlberg, eine der wichtigsten Provinzen des Reiches, machte sich Mitte September 1882 auf nach Vorarlberg. Der vom Kaiser sozusagen als Landeshauptmann für das heutige Gebiet von Nord-, Süd- und Osttirol sowie dem Trentino und Vorarlberg zuständige 46-Jährige hatte ein wichtiges Treffen mit Erzherzog Karl Ludwig, dem zweitjüngeren Bruder von Kaiser Franz Joseph. Jener Erzherzog Karl Ludwig, der 1889 nach dem Tod seines Neffen Rudolf, einziger Sohn des Kaisers, Thronfolger des österreichischen Kaiserreiches wurde. Wäre er nicht 1896 verstorben, so hätte er 1916 den Kaiserthron von Regent Franz Joseph übernommen und wäre bis zum Ende der Monarchie nach dem Ersten Weltkrieg Österreichs letzter Kaiser geworden. Das Thema des wichtigen Treffens mit viel Prominenz in Vorarlberg war das Rettungswesen rund um das kurz zuvor gegründete Vorarlberger Rote Kreuz, damals noch als patriotischer Landeshilfsverein bezeichnet. Eine wichtige Aufgabe des Roten Kreuzes war damals die Planung von Hilfeleistungen und der Aufbau von Reservelazaretten für einen möglichen Katastrophen- oder Kriegsfall. Bohuslav von Widmann holte am 16. September 1882 den Kaiserbruder, der selbst zuvor sechs Jahre lang kaiserlicher Statthalter in Tirol war, wozu ihn Kaiser Franz

Eine der größten Flutwasserkatastrophen Tirols sorgte in der österreichischen Kaiserzeit Süd- und Osttirol mit dem Brennpunkt Pustertal bis hinaus nach Brixen heim.

Joseph 1855 ernannt hatte, am Feldkircher Bahnhof ab. Als Bohuslav von Widmann seinen prominenten Vorgänger am Bahnhof freudig begrüßte, hatte er alles andere im Sinn, als sich in Kürze genau an diesem Bahnsteig wieder in einen Zug zu setzen und das wichtige Treffen vorzeitig zu verlassen. Aber passend zum Thema Rettungswesen dieser Veranstaltung waren just die Qualitäten der Rettungsorganisationen wie das Rote Kreuz urplötzlich etwa 300 Kilometer entfernt in der riesigen Tiroler Habsburgerprovinz in enormem Ausmaß gefragt. Statthalter Bohuslav von Widmann wurde bei seinem Besuch in Vorarlberg jäh aus seinem regulären Job gerissen, als plötzlich Hiobsbotschaften aus dem damals noch österreichischen Südtirol eintrafen. Eines der größten Hochwasserunglücke des 19. Jahrhunderts im Habsburgerreich nahm in diesem Moment seinen Anfang, als der Statthalter und der Kaiserbruder die Hände schüttelten.

Freiherr Bohuslav von Widmann, der spätere Ehrenbürger der wichtigen kaiserlichen Verwaltungsstadt Innsbruck (1889), erreichte ein Strom an schlimmen Nachrichten aus Südtirol, der tagelang nicht mehr abreißen sollte. Verheerende Regenfälle hatten den Beginn einer immensen Hochwasserlage im Pustertal und Eisacktal eingeläutet. Immer dramatischere Nachrichten über die immer desaströseren Entwicklungen in Südtirol langten an diesem 16. September in Feldkirch beim Landeshauptmann ein. Bohuslav von Widmann schreckte umgehend seinen Beamtenstab auf, entschuldigte sich beim Kaiserbruder und plante umgehend die Reise per Expresszug in das Krisengebiet, das optisch laut Meldungen immer mehr einem Kriegsgebiet ähnelte. Den in Wien hoch angesehenen Spitzenbeamten, der den Ruf eines Machers hatte, drängte es unbändig nach Süden, um den dort in Not befindlichen Menschen bestmöglich zu helfen. Als der Zug des Statthalters in Innsbruck eintraf, war aber plötzlich Endstation. Die Brennerstrecke war südlich des Alpenpasses im Südtiroler Teil des Wipptals unterbrochen. Auch dort sorgten die

Wassermassen für heftige Infrastrukturschäden. Fürs Erste musste man, um von Innsbruck nach Brixen zu kommen, auf die Route über den Reschenpass, den Vinschgau und Bozen ausweichen. Was einen beschwerlichen Umweg von fast 200 Kilometern zusätzlich zu den ansonsten zu fahrenden 85 Kilometern bedeutete. Vor allem auch deshalb beschwerlich, weil eine Eisenbahnstrecke von Landeck ins Vinschgau, die Reschenscheideckbahn, zwar geplant, aber noch nicht gebaut worden war. Und diese fehlende 80 Kilometer lange Eisenbahnstrecke mit Anbindung der Westbahn an die Vinschger Bahn bedeutete im Jahr 1882, vier Jahre vor der Geburtsstunde des Automobils, den mühsamen Umstieg auf die Kutsche. Mit einer Tagesreise wäre es also nicht getan gewesen. So wie Freiherr Bohuslav von Widmann warteten daher viele Reisende die Reparaturarbeiten der Staatsbahnstrecke im Wipptal am Innsbrucker Hauptbahnhof ab. Der Statthalter wusste von seinem Stab, dass die Staatsbahnen im Lauf des 19. September mit einer Öffnung der Strecke rechneten. Mit dem letzten Zug von Innsbruck nach Südtirol und weiter nach Italien, der vor dem Unwetter noch passieren konnte, schaffte es übrigens der berühmte deutsche Komponist Richard Wagner, gerade noch über den Brenner nach Venedig zu kommen. Beinahe wäre er in Tirol ein Gefangener des Hochwassers geworden.

Bohuslav von Widmann war sich bewusst, dass er eine Schlüsselrolle bei der Koordination der Bewältigung der Katastrophe im Pustertal hatte. Daher musste er die Lage auch vor Ort sehen, um sie entsprechend einschätzen zu können. Und er wurde dieser Rolle in allen Belangen gerecht, obwohl die Herausforderung für ihn und die Tausenden Retter enorm war. Die Tage vom 16. bis zum 20. September 1882 waren denkwürdig, was Hochwasserkatastrophen in Europa betrifft. Das bekamen vor allem die Bewohner der Gemeinden Bruneck, Innichen, Olang, Percha, Niederdorf, Toblach, Sexten und Welsberg zu spüren. Auch auf Osttiroler Gebiet schlugen die Fluten zu. Vor allem Sillian

Schwere Hochwasserschäden in Bruneck, September 1882

Besonders schwere Zerstörungen gab es beim Jahrtausendhochwasser im September 1882 in der Pustertaler Gemeinde Bruneck.

wurde schwer getroffen. Ebenso Abfaltersbach. Während in Südtirol die Rienz als reißender Strom für immense Schäden sorgte, war im Osttiroler Pustertal bis zur Lienzer Klause in Leisach und darüber hinaus die Drau für selbiges verantwortlich. In nur fünf Tagen fiel die vierfache Menge an Regen, die ansonsten üblicherweise im gesamten September im Pustertal niederging. Niemand konnte sich erinnern, jemals derartige Wassermassen in der Rienz und der Drau gesehen zu haben. Dazu noch viele Dutzend Muren, die von den Hängen im Pustertal und seinen Seitentälern niedergingen. Besonders viele verzeichnete das im Zentrum der Katastrophe zu liegen scheinende Pragser Tal. In Lienz zeigten alte Aufzeichnungen, dass es letztmals 770 Jahre zuvor ein ähnliches Ereignis gegeben hatte. Wobei Lienz im Vergleich zu den Gemeinden westlich der Lienzer Klause bis hin nach Brixen noch glimpflich davonkam. Dieser Strich mit einer Länge von etwas mehr als 100 Kilometern, davon rund drei Viertel auf

Südtiroler Boden, war wie schon bei den ebenfalls denkwürdigen Hochwassern 1823, 1827 und 1851 das Epizentrum dieser noch größeren Wasserhölle. Wobei über Brixen hinaus, als sich die Wassermassen durch das Eisacktal den Weg Richtung Süden bahnten, ebenfalls von großen Schäden berichtet wurde. Und auch das Wipptal von Brixen Richtung Brenner war arg in Mitleidenschaft gezogen worden.

Gerade einmal elf Jahre zuvor waren mit großer Fanfare und Stolz die Pustertal- und die Drautalbahn in Süd- bzw. Osttirol eröffnet worden. Diese 209 Kilometer lange Eisenbahnstrecke verband die Westbahn ab Innsbruck über Franzensfeste und Lienz direkt mit der Südbahn in Klagenfurt. Doch das Hochwasser stellte in nur wenigen Stunden nahezu den Zustand von vor der Eröffnung wieder her. Dutzende Brücken und andere Bauwerke wurden Opfer der Fluten. Der Zugverkehr war für lange Zeit eingestellt. Aber auch auf den Straßen gab es kein Vorwärtskommen mehr. Dafür sorgten vor allem die vielen eingestürzten oder weggerissenen Straßenbrücken. Die Muren und reißenden Gewässer hatten Berge von Bäumen mitgerissen, die sich bei den Brückenbauwerken verhakten und zu richtiggehenden Wänden aufbauten. Diese sogenannten Verklausungen erzeugten einen immensen Druck, dem ein Großteil der Brücken nicht standhielt.

Nicht genug, dass der Himmel unglaubliche Wassermassen ins Pustertal abregnete, ein Dammbruch bei der Einmündung des Pragser Tales bei Niederdorf sorgte dann auch noch für eine zusätzliche Flutwelle Richtung Brixen (siehe Titelbild). Welsberg wurde dabei völlig dem Erdboden gleichgemacht. Noch Tage nach der Flut war es von dort aus nicht einmal mehr zu Fuß möglich, nach Niederdorf zu kommen. So umfassend waren die Zerstörungen im Talkessel. Der Bahndamm war zwischen Niederdorf und Welsberg beispielsweise auf einer Länge von 1,2 Kilometern weggespült worden. Einfach samt Schienen und

Schwellen verschwunden. Aus ganz Österreich langten Hilfskräfte ein, selbst aus Krems und Linz wurden Heerespioniere geschickt, um das Pustertal wieder passierbar zu machen. Ebenfalls als Helfer im Einsatz war das 300 Mann starke Personal der Südbahn im Pustertal, das aufgrund der Zerstörung der gesamten Infrastruktur von einem auf den anderen Tag großteils keine Arbeit mehr hatte.

Nach ersten Aufräumungsarbeiten konnte nach drei Tagen zumindest der Bahnbetrieb von Franzensfeste nach Bruneck wiederaufgenommen werden. Immens wichtig für die Anlieferung der Hilfsgüter. Und gleich im ersten Zug saß Statthalter Bohuslav von Widmann, der sich in diesen dunklen Tagen der Hochwasserhölle als perfekter Krisenmanager etablierte. Sehr zum Dank der Südtiroler, die stolz auf ihren Statthalter waren. Deshalb wurde auch eine zerstörte Brücke in Brixen, die bis 1883 neu errichtet wurde, als Widmannbrücke nach ihm benannt. Die markante und baugeschichtlich bedeutende Bogenfachwerkbrücke aus Eisen am Zusammenfluss von Eisack und Rienz knapp oberhalb des Brixner Klosters prägt noch heute das Brixner Stadtbild. Sie wurde 2021 unter Denkmalschutz gestellt. Sie war eine von vielen Brücken, die wegen der Zerstörung durch das Hochwasser neu errichtet wurden.

Von Bruneck nach Osttirol musste auch die erst elf Jahre alte Eisenbahnstrecke in weiten Teilen komplett neu gebaut werden. Die Schreckensbilanz der Schäden: Die gesamte Ernte im Pustertal-, Eisacktal und Wipptal sowie in allen Seitentälern war vernichtet. Hunderte von Wohnhäusern, Sägen, Mühlen, Brücken und Wege zerstört. Ganze Ortschaften waren mit Schutthalden bedeckt. Viele Dörfer waren von der Außenwelt abgeschnitten, die Menschen dort waren mit einer Hungersnot bedroht. Genaue Zahlen sind nicht bekannt, aber die Todesfälle durch alle direkten und indirekten Auswirkungen des Hochwassers sind im dreistelligen Bereich anzusiedeln. Der Eindruck, den die katastrophalen Ereignisse und das Leid und die immensen Schäden auf Bohuslav von Widmann gemacht hatten, waren tiefgreifend. Er setzte all seine politische Macht ein, dass umfassende Flussverbauungen eine Wiederholung des Desasters verhindern sollten. Unter anderem ermöglichte er durch öffentliche Finanzierung die Eisackregulierung. Damit hat er sich wahrscheinlich selbst das noch größere Denkmal gesetzt als die Südtiroler mit der Widmung der prominenten Brixner Widmannbrücke. Die Verbundenheit des Statthalters mit den Südtirolern wuchs sich durch die Erlebnisse während der Flutkatastrophe zu einer tiefen Freundschaft aus. Neun Jahre später, kurz nach dem Ende seiner Amtsperiode als Tiroler Statthalter, trat er im Wahlbezirk Bozen für die Wahlen zum österreichischen Reichstag, so der damalige Name des Parlaments, an. Als Parlamentarier vertrat der Mann aus Olmütz in Mähren dann vier Jahre seine Tiroler und speziell die Südtiroler in Wien.

Wenn in den Bergen zu viel Wasser im Spiel ist, kann das katastrophale Ereignisse nach sich ziehen. Wie der Fall im Pustertal zeigt. Aber in den Bergen Tirols sind nicht nur Überschwemmungen wie auch im Tiefland möglich, sondern auch Muren und ein seltenes Schauspiel, von dem wohl die meisten noch nie etwas gehört haben: Gletscherseeausbrüche. Katastrophen mit besonders desaströsen Auswirkungen. Vergleichbar, aber um einiges schrecklicher in seinen Folgen als der zuvor genannte Dammbruch bei Niederdorf im Pustertal. Und man mag es kaum für möglich halten, auch Tsunamis sind im Herz der Alpen ein Thema. Eine spezielle Gattung namens See-Tsunamis. Wie Gletscherseeausbrüche ebenfalls ein äußerst seltenes Naturspektakel. Jedoch bereits mehrfach geschehen am Achensee und auch am Hechtsee in Nordtirol. Die notwendigen Grundzutaten, Berge, Seen und Erdbeben, sind vor allem in Nordtirol gleich mehrfach vorhanden.

Forscher der Universität Innsbruck sind seit Kurzem diesen auf der ganzen Welt seltenen Ereignissen auf der Spur.

300 Jahre lang zählte das Ötztal zum Epizentrum für katastrophale Hochwasserereignisse im Alpenraum. Spezielle örtliche Gegebenheiten waren dafür ausschlaggebend. Neben herkömmlichen Hochwassern durch Starkregen wie etwa 2023, als die Ötztaler Ache beinahe im gesamten Tal über die Ufer getreten ist und schwere Verwüstungen angerichtet hat. Es gab aber lange Zeit auch einen anderen Auslöser für Hochwasser. Und zwar für die gefährlichsten überhaupt. Zuletzt von 1550 bis 1850 sorgte nämlich die damalige Gletscherhochstandsperiode dank der sogenannten Kleinen Eiszeit für unglaubliche Katastrophen. Desaster in einem Ausmaß, wie wir uns das heute kaum noch vorstellen können. Das kann man beispielsweise in der Längenfelder Gemeindechronik eindrucksvoll nachlesen. Auslöser waren die damals sehr viel größeren Gletscher. Ein Paradebeispiel ist das Armageddon, das der Vernagtferner, in seinen besten Zeiten einer der größten Gletscher der Alpen, im Jahr 1600 auslöste. Der aufgrund der von damals kühlen Temperaturen mächtig gewachsene Gletscher schob sich vor das obere Rofental und sperrte dieses komplett wie eine riesige Staumauer ab. Dadurch staute sich die Rofner Ache auf und bildete einen kolossalen, mehr als zwei Kilometer langen See. Als der Druck des immer höher aufgestauten Wassers die Eismauer sprengte, ergossen sich immense Mengen Wasser ins Tal. Bis hinaus in das Inntal gab es viele Tote und große Verwüstungen. Wie ein Tsunami rollte eine Wasserwand durch das Tal. Diese Art von Flutkatastrophen kennt heute kaum noch einer. Man nennt sie Gletscherseeausbrüche.

81 Jahre später sorgte der gleiche Gletscher an gleicher Stelle für eine identische Katastrophe. Dieses Mal gab es durch die Macht der durch das Ötztal brausenden Wassermauer nicht nur unfassbare Überschwemmungen, sondern auch Ernteausfälle im großen

Eine der wenig bekannten Ursachen für Hochwasserkatastrophen zeigt ein Kunstwerk, auf dem der Rofener Eissee, aufgestaut von einem Gletscher, abgebildet ist.

Stil. Zu den Wassertoten bei der Flut kamen später dadurch noch Hungertote dazu. Da derartige Spektakel immer wieder, manchmal in kleinerem, manchmal in größerem Ausmaß stattfanden, hatte der zyklische See im hinteren Rofental von den Ötztalern sogar einen Namen erhalten: Rofner Eissee. Das Rofental war aber nicht der einzige Ort, an dem derartige Desaster ihren Ursprung nahmen. 1770 wiederholte sich ein solches Naturschauspiel im Gurgler Tal, wo der Gurgler Ferner das Wasser der Gurgler Ache auf ähnliche Weise aufstaute. Diese bildete sogar einen See von 40 Hektar Fläche, dreimal so groß wie der Kitzbüheler See und vor allem viel tiefer. Dieser entleerte sich dann nach dem Bruch der dortigen Eismauer innerhalb kürzester Zeit und zog ebenfalls eine Bahn der Verwüstung durch das gesamte Ötztal.

Zwei Jahre später war wieder der Vernagtferner Auslöser eines derartigen Flutereignisses. Die Letzten folgten zwischen 1844 und 1848. Besonders verheerend war das letzte dieser Desaster am 13. Juni 1848. Schon im 17. Jahrhundert machten sich die

Behörden Gedanken darüber, wie man solche Eisseen gefahrlos ableiten könnte. Es wurde, zum Teil mit Erfolg, versucht, Gräben für den Abfluss in die Eismassen zu schlagen. Auch das Durchbohren des Eisdammes wurde angeregt. Selbst das Sprengen des Dammes oder das Beschießen mit Kanonen wurde angedacht. Heute könnte ein massiver Gletscherausbruch nicht mehr auf natürliche Weise stattfinden. Das zeigen auch Wiedervorstöße etwa des Vernagtferners um 1900 und um 1980. Diese erreichten nicht die kritische Größe. Dank Klimawandel und Gletscherschwund vermögen die Ötztaler Gletscher nicht mehr so weit vorzurücken, um Gletscherseeausbrüche zu erzeugen. Es fehlt glücklicherweise eine entscheidende Zutat.

Gänzlich gebannt ist die Gefahr jedoch nicht. Ein verwandtes Katastrophenevent lauert vor allem heute mehr denn je unbemerkt im Hintergrund, wenn auch ein Stattfinden eher unwahrscheinlich ist. Sollte nämlich eine der großen künstlichen Staumauern brechen oder die Wassermassen durch einen Bergsturz über diese schwappen, wie etwa 1963 mit der Vajont-Staumauer bei Longarone in den Belluneser Bergen geschehen (mehr als 2000 Tote), ist mit noch unvorstellbareren Schäden zu rechnen. Gut ein halbes Dutzend Staudämme im Kaunertal, Zillertal und im Südtiroler Vinschgau hätte zumindest theoretisch dieses Katastrophenpotenzial. Der Grund? Die Stauseen aus Menschenhand sind weitaus größer und speichern ein Vielfaches der Wassermengen bei gleicher Fläche im Vergleich zu den Seen bei den zuvor beschriebenen Ereignissen im Ötztal, weil sie noch viel tiefer sind. Der Gepatschspeicher im Kaunertal beispielsweise hat mit 260 Hektar Fläche mehr als die sechsfache Fläche wie jener katastrophal ausgebrochene Gletschersee im Gurgltal 1770. Die maximale Tiefe des Gepatschspeichers beträgt 111 Meter. Er enthält fast 140 Millionen Kubikmeter Wasser, etwa ein Drittel des Achensees.

Der in Innsbruck geborene, aber an der Universität Wien tätige Herbert Aulitzky, Professor für Wildbach- und Lawinenverbauung, erklärte 2006 zum Gefahrenpotenzial: „Der linksufrige Einhang des Gepatschspeichers ist schon einmal unmittelbar ober dem Damm ins Rutschen geraten, und zwar in einem Ausmaß, dass man beim plötzlichen Einstoß in den gefüllten See das folgende Event als ein für Innsbruck gefährliches Katastrophenereignis ansehen musste." Für den 1964 fertiggestellten Staudamm wurde in den 190er-Jahren eine Simulation durchgeführt, die zeigen sollte, was bei einem Dammbruch und dem in der Folge massiven Ausfließen des gestauten Wassers geschehen würde. Das Ergebnis: Noch im fast exakt 100 Kilometer entfernten Innsbruck wäre die folgende Flutwelle mehr als zehn Meter hoch. Als erste größere Gemeinde würde dieser Tsunami Prutz treffen, dann Landeck, Zams, Imst, Telfs, Zirl usw. Das Katastrophenpotenzial eines solchen Falles für das Kaunertal und das gesamte Inntal kann man sich leicht vorstellen. Mehr als 400.000 der rund 750.000 Tiroler Einwohner leben im Einzugsgebiet einer derartigen Flutwelle.

Aber es geht noch exotischer. Und darauf wurde man zuerst in der Schweiz aufmerksam. Während Tsunamis entlang vieler Meeresküsten der großen Ozeane als eine enorme Gefahr gesehen werden, werden Tsunamis in den großen Seen der Alpen nicht als solche wahrgenommen. Ganz im Gegenteil. Kaum einer kann sich vorstellen, dass es so etwas gibt. Zu Unrecht. Professor Michael Schnellmann vom Geologischen Institut der ETH Zürich: „Unter den historischen See-Tsunamis ist das Ereignis vom 16. September 1601 im Vierwaldstättersee vermutlich das bekannteste, bei dem eine bis zu vier Meter hohe Flutwelle weite Bereiche des Seeufers, u. a. auch die Stadt Luzern, überflutete." Die größte derzeit bekannte Tsunami-Katastrophe in den Alpen ereignete sich im Jahr 563 am Genfer See. Auslöser war ein Bergsturz in den See, wodurch eine riesige Welle entstand, die in der gesamten Region immense Zerstörungen hervorrief. Viele Menschen kamen entlang der Seeufer zu Tode. Nach zwei zeitgenössischen Berichten wurde die Katastrophe durch das Abrutschen eines Berghanges an einem Ort namens Tauredunum am östlichen Ende des Genfer Sees verursacht. Es entstand eine riesige Tsunami-Welle, die sich entlang des gesamten Sees ausbreitete. Die Stadt Genf in mehr als 70 Kilometer Entfernung am westlichen Ende des Sees wurde von der Wasserwand mit solcher Kraft getroffen, dass die Welle über die Stadtmauern fegte und viele Einwohner tötete. Die Welle soll in Genf noch acht Meter hoch gewesen sein.

Sechs derartige Tsunamis konnten Forscher bisher in Schweizer Seen nachweisen. Aufgrund der geringen Anzahl an historisch dokumentierten schweren Tsunami-Ereignissen in den Alpen und deren langen Wiederkehrzeiten ist es laut Schweizer Forschern schwierig, Aussagen zur Häufigkeit zu treffen. Ausgehend von der Universität Innsbruck werden mittlerweile auch in Österreich Seen auf ihre potenzielle Tsunami-Historie untersucht. Geologie-Professor Michael Strasser folgte beispielsweise einer historischen Quelle aus dem Jahr 1761, in der ein Flutwellen-Ereignis im Hechtsee bei Kufstein beschrieben wurde. Erste Sediment-Auswertungen vom Grund des Hechtsees scheinen dieses Tsunami-Ereignis zu bestätigen.

Fündig wurden die Wissenschaftler aber vor allem im Achensee. Bei diesem großen Alpensee, dicht angeschmiegt an hohe Bergwände, sind die Zutaten für einen See-Tsunami besonders mannigfaltig vorhanden. Der See ist tief, damit ist ein Grund für Flutwellenereignisse gegeben, nämlich potenzielle Unterwasserhangrutschungen. Aber auch oberirdische Felsstürze, wie als Auslöser am Beispiel Genfer See geschehen, sind aufgrund der Topografie möglich.

Und ebenfalls vorhanden sind in Tirol Erdbeben, die wiederum ein weit verbreiteter Auslöser für Fels- und Bergstürze sowie Unterwasserhangrutschungen sind. Ein Forscherteam von Dekan Christoph Spötl des Instituts für Geologie der Universität Innsbruck stellte in den Sedimenten am Grund des Achensees zwölf große Fels- und Geröllrutschungen fest, die meist mit historischen Erdbeben korrelieren. Das interessanteste Beispiel darunter ist eine riesige Sedimenteinbringung von den Bergen in den See im Jahr 1670, wie Datierungen ergeben haben. Exakt jenes Jahr, das in der jüngeren Nordtiroler Geschichte für eines der schwersten Erdbeben des Landes mit Epizentrum im nahen Hall in Tirol bekannt ist (siehe Kapitel 9). Mit größter Wahrscheinlichkeit der Auslöser des Sturzereignisses im Achental, das großes Potenzial für einen starken See-Tsunami hatte. Alte Dorfchroniken aus dem Achental könnten wie beim Hechtsee-Ereignis Aufschluss darüber geben, wie stark diese Flutwelle war.

Bildnachweis

Adobe Stock: 10, 32, 50/51, 56, 68, 92, 132, 140, 164
Alamy: 61
Bilderzeug (Wikipedia): 22
Paweł Boczkowski (Wikipedia): 34
Eurac Research/Marco Samadelli: 120
Domenico Gargiulo; Museo nazionale di San Martino (Wikipedia): 156
Foto Rudolf Grass, Zernez: Umschlag, 174
Alexander Hartwig: 145
Abraham Jäger (Wikipedia): 178/179
Keystone Photopress-Archive: 64/65
Fotograf Alois Kofler, Sammlung von Grebmer – TAP: 178/179
Faksimile Matthias Mayer (1927), Universitäts- und Landesbibliothek Tirol: 95
Pixabay: 74, 150, 153, 169
Heike Santer: 28
Oliver Sass: 15
Schedelsche Weltchronik (Wikipedia): 46
Manfred Schiechtl: 18, 99
NASA World Wind: 41
Fotograf Josef Sonnweber, Sammlung Carl Reissigl – TAP: 115
Christoph Spötl (Fotograf Robbie Shone): 80, 89
Harald Stadler, Alois Hanser, Kals a. Großglockner, Osttirol: 125
Sammlung Freiwillige Feuerwehr Bruneck – TAP: 180
Stadtarchiv Innsbruck StAI, ZAMG Geophysik Hammerl: 109
Stadt Hall: 107
Tiroler Heimatblätter: 17
Wikipedia: 104
Zeno.org Verlagsgesellschaft: 44

Bibliografische Information der Deutschen Nationalbibliothek
Die Deutsche Nationalbibliothek verzeichnet diese Publikation in der Deutschen Nationalbibliografie; detaillierte bibliografische Daten sind im Internet abrufbar: http://dnb.d-nb.de

1. Auflage 2024

Design & Layout: Athesia-Tappeiner Verlag
Bildbearbeitung: Typoplus, Frangart
Druck: Finidr, Tschechien
Papier: Innenteil Munken Print White, Vorsatz Offset White

ISBN (Athesia) 978-88-6839-798-2
www.athesia-tappeiner.com
buchverlag@athesia.it

ISBN (Tyrolia) 978-3-7022-4247-3
www.tyrolia-verlag.at
buchverlag@tyrolia.at

Bildbeschreibung Umschlag
Große historische Naturkatastrophen wie das Hochwasserdesaster von 1882 im Pustertal forderten über die Jahrhunderte immense Opfer und Schäden zwischen Kufstein und Salurn.

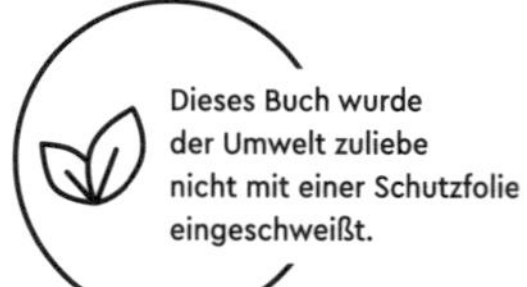